FOCUS Artémis

HAIES
DE JARDIN

Ouvrage collectif réalisé par Losange
Avec la collaboration de Michel Beauvais et Marcel Guedj

Direction éditoriale : Hélène Tellier
Suivi éditorial : Marion Balbarie
PAO : Francis Rossignol et Isabelle Véret
Photogravure : Bertrand Desboudard

www.editions-artemis.com

ISBN : 978-2-8160-1625-3
N° éditeur : 8160
Dépôt légal : février 2020

Achevé d'imprimer : janvier 2020
Imprimé en Pologne par Edica

FOCUS Artémis

HAIES DE JARDIN

ARTÉMIS ÉDITIONS

Sommaire

Introduction

Quelle haie pour mon jardin ?

Fiches de culture

Introduction

De la barrière abrupte et interminable à la frange de verdure pleine de parfums et de fleurs, la haie peut aller du pire au meilleur. On a ainsi beaucoup vilipendé, sans doute avec raison, les sempiternels alignements de thuyas. Et pourtant, le thuya est un conifère plein d'intérêt, à condition qu'il soit bien employé. Mais une conception erronée ou peu réfléchie de la haie conduit indiscutablement à des résultats fort laids ou, à tout le moins, peu originaux.

Pour réussir, il suffit pourtant de peu de chose : un minimum de clairvoyance et une certaine connaissance des arbustes. En fait, il est relativement facile de créer de superbes scènes de verdure ou des murs végétaux bien à leur place, tout simplement parce que le matériau utilisé, l'arbuste, a une grande valeur esthétique. En outre, la plantation côte à côte de nombreux sujets forme une masse qui devient spectaculaire lorsqu'intervient une floraison ou que le feuillage prend de flamboyantes teintes automnales.

Quel type de haie ?

Avant de choisir des arbustes, il faut se poser la question de la justification de la haie. Car un alignement d'arbustes a certains défauts, dont il faut être conscient. Le principal, c'est l'espace qu'il occupe. Sa largeur est de l'ordre de 50 cm au minimum pour les haies étroites et taillées, ce qui n'est pas négligeable dans un petit jardin. Quant à la haie libre, elle a une largeur de l'ordre de 1,50 à 2 m. En outre, les végétaux qui constituent l'alignement étalent souvent largement leurs racines, ce qui rend difficile la culture d'espèces potagères ou décoratives à leur pied. C'est pourquoi il est souvent préférable, lorsque l'espace manque, d'opter pour une autre forme de clôture, qui peut être un grillage sur lequel on fait pousser des grimpantes.

Haie libre ou haie régulière ?

Si vous décidez de planter une haie, il convient d'abord de réfléchir à vos principaux impératifs.

Haies pré-composées

Diverses pépinières proposent des caissettes contenant un certain nombre de jeunes plants destinés à constituer une haie de type champêtre de tel ou tel caractère : à fruits décoratifs, à fleurs printanières...

Avez-vous besoin d'une protection contre l'intrusion (haie défensive), contre le vent (brise-vent), contre les regards du voisinage, contre le bruit et la pollution ? Ou souhaitez-vous surtout que la haie forme un joli fond pour les plantes de votre jardin, tout en masquant une vue laide ou dérangeante ?

En fonction du style de votre maison et de celui que vous souhaitez donner à votre décor végétal, vous choisirez l'un des deux principaux types : la haie régulière, formée d'arbustes taillés ou à port naturellement policé, ou la haie libre, qui associe diverses espèces auxquelles on donne tout loisir de se développer selon leur forme propre.

Conifères ou feuillus ?

Les conifères ont sans doute l'avantage d'un feuillage parfaitement persistant, d'une couleur souvent intéressante, et ils excellent pour constituer des haies denses et étroites. Toutefois, ils suscitent parfois un certain ennui par leur manque de diversité saisonnière, et ils sont assez sensibles à certaines maladies parasitaires. En outre, ils ne se laissent pas recéper (rabattre près du sol), ce qui interdit de donner à la haie une nouvelle jeunesse quand elle commence à se dégarnir du pied.

Les feuillus, en revanche, ont pour eux une belle variété et évoluent d'une saison à l'autre,

Les zones climatiques

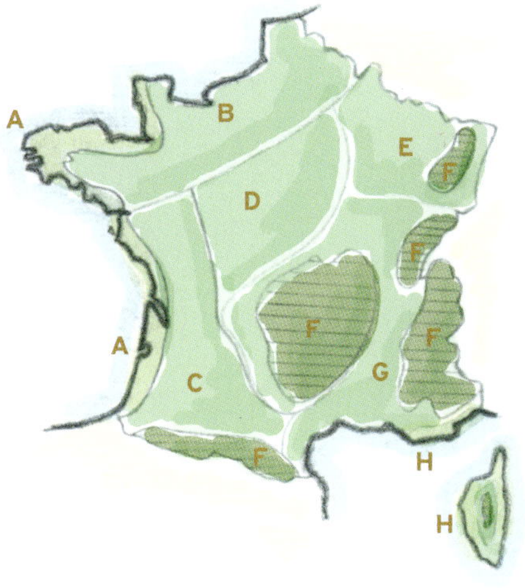

Zone A : *côte ouest, littoral atlantique.*
Zone B : *région soumise aux influences de la mer du Nord et de la Manche.*
Zone C : *zone Aquitaine, et plus généralement vallée de la Garonne.*
Zone D : *Centre-Loire, régions de plaine à caractère continental peu accentué.*
Zone E : *régions de l'Est, hauts plateaux à caractère continental accentué.*
Zone F : *hauts plateaux et montagnes à hivers froids plus ou moins neigeux selon l'altitude.*
Zone G : *vallée du Rhône soumise au mistral, contreforts du Massif central et basses vallées alpines.*
Zone H : *zone méditerranéenne.*

offrant selon les espèces des fleurs, des parfums, des fruits décoratifs et un feuillage aux nuances variées au printemps ou à l'automne.

Le choix des végétaux

Les espèces traditionnelles de la haie champêtre et bocagère sont le chêne, le coudrier, le noisetier, le prunellier, le houx, l'orme, le charme, le hêtre, le sureau et l'aubépine. Elles ont en commun d'être très robustes, rustiques, peu sensibles aux maladies et tolérantes à la taille, même sévère, ainsi qu'au recépage. Toutes ces qualités sont en effet essentielles pour des arbustes destinés à des alignements de longue durée. Mais il faut également tenir compte des conditions spécifiques de votre jardin et de vos impératifs.

Le sol

Les espèces citées ci-dessus sont, dans l'ensemble, assez tolérantes quant à la nature du sol, mais il n'en va pas de même pour tous les arbustes employés dans les haies. Dans chaque fiche, vous trouverez des indications sur les exigences de chaque espèce en la matière. Bien entendu, le choix suppose que vous connaissiez le type de terre de votre terrain : lourde ou légère, riche ou faible en humus, acide, neutre ou calcaire...

Le climat

Certains arbustes persistants, comme l'aucuba, peuvent être sensibles au froid et subir de gros dégâts lors d'hivers exceptionnellement rigoureux. Il faut en tenir compte, car si l'on peut prendre un risque pour un arbuste frileux cultivé isolément, il vaut mieux être prudent concernant une plantation d'une trentaine ou d'une quarantaine de sujets. De plus, il ne faut pas oublier certaines caractéristiques régionales ou locales, en particulier la proximité de la mer, le régime des pluies ou encore l'altitude. Pour ne pas vous tromper, observez les végétaux qui prospèrent le mieux dans votre région et demandez conseil aux pépiniéristes locaux.

Haie et réglementation

Les végétaux dont la hauteur dépasse 2 m doivent être plantés à 2 m au moins de la ligne de séparation des propriétés.
Les végétaux dont la hauteur est inférieure à 2 m doivent être plantés à 50 cm au moins de la ligne de séparation.
Ces règles (article 672 du Code civil) ne concernent cependant pas les végétaux en place depuis plus de trente ans – le voisin ne peut exiger l'abattage ni la réduction.
Toutefois, il existe parfois des règlements locaux un peu différents qui, dans certains cas, régissent non seulement la hauteur, mais aussi le style de la haie. En cas de doute, on fera bien de se renseigner à la mairie.
En outre, si les branches de vos arbustes dépassent sur le terrain d'un voisin, celui-ci n'a pas le droit de les couper lui-même, mais peut exiger que vous le fassiez.
Il existe aussi des règles spécifiques concernant les plantations en bordure d'une voie publique. Dans le cas d'une route nationale, les haies doivent être établies à un minimum de 2 m du domaine public. Pour les voies départementales et vicinales, les règles sont les mêmes que pour le voisinage. Toutefois, au niveau des croisements, pour des questions de visibilité, la hauteur maximale autorisée pour les haies est de 1 m (sur une longueur de 50 m de part et d'autre) – de même que dans un virage (sur une longueur de 30 m à partir du point central de la courbe).
D'autre part, en bordure d'une voie surmontée par une ligne électrique, les plantations de plus de 7 m doivent être distantes de 3 m au moins du domaine public.
Enfin, la plantation de certaines espèces peut être réglementée ou même interdite localement par des arrêtés préfectoraux. C'est le cas par exemple de l'aubépine, qui représente une menace pour certains arbres fruitiers (feu bactérien). Les pépiniéristes sont parfaitement informés de ces restrictions, mais vous pouvez également vous renseigner auprès des chambres d'agriculture.

L'entretien

Les arbustes qui poussent très vite, à l'exemple du troène, forment une haie dense en un temps record, mais demandent ensuite des tailles très fréquentes – jusqu'à quatre ou cinq fois par an si l'on veut faire les choses comme il faut. En revanche, d'autres espèces, comme le buis, se caractérisent par une croissance très lente. Il faut patienter de longues années avant qu'elles forment une haie digne de ce nom, mais leur entretien est ensuite très facile, car elles ne demandent qu'une seule taille annuelle. N'oubliez pas qu'une haie est faite pour durer longtemps, et que l'on n'a pas toujours l'énergie nécessaire au maniement de la cisaille…

L'achat des plants

Des arbustes et des arbres destinés aux haies sont proposés dans les grandes surfaces de jardinage. Ils sont en général de bonne qualité et le choix des espèces est assez large. Toutefois, il est souvent préférable de vous adresser à un pépiniériste local, qui propose une gamme parfaitement adaptée aux conditions de sol

Arbustes en réserve

Si vous en avez la possibilité, il est bon de planter dans un coin du jardin quelques arbustes en plus de ceux de la haie. Ainsi, il vous sera facile de remplacer les plants qui n'auront pas résisté au premier hiver par d'autres de même dimension. Vous pouvez aussi planter légèrement en surnombre, de manière à éclaircir par la suite en ne conservant que les sujets les plus vigoureux - les autres étant transplantés en réserve, dans un emplacement approprié.

et de climat de votre région. Vous avez aussi la possibilité de contacter un pépiniériste spécialisé dans la production des plantes de haie, ou qui offre un choix particulièrement étendu pour les espèces qui vous intéressent. Il s'agit là de vente par correspondance – qui ne pose pas de problème car les arbustes supportent bien le transport quand ils sont convenablement conditionnés.

Le prix du sujet varie selon l'espèce et le stade de développement. D'une manière générale, vous avez intérêt à acheter des plantes assez jeunes. Elles sont moins chères et s'établissent plus facilement et plus rapidement que les arbustes déjà développés.

Pour les haies bocagères et libres, les pépiniéristes proposent des « godets », c'est-à-dire de jeunes sujets encore peu ramifiés. Cette solution est économique et elle mérite d'être retenue, surtout si vous devez planter une haie assez longue.

Vous pouvez également acheter les feuillus à racines nues, entre octobre et mars. Les plants « repiqués », issus d'un semis ou d'une bouture, ont une hauteur allant de 20 cm à 1 m et sont eux aussi essentiellement destinés aux haies bocagères. Leur prix est très intéressant et ils présentent les meilleures garanties de reprise. Une « touffe », plus onéreuse, est un sujet à racines nues issu d'un plant repiqué, âgé de 3 à 5 ans, taillé et travaillé en pépinière et déjà abondamment ramifié.

Quant à la « motte », c'est une plante de même type que la touffe, mais vendue avec les racines entourées de la terre d'origine, enveloppée dans une toile de jute ou un filet.

La plantation

La disposition des arbustes

En général, les haies se plantent de manière linéaire, les arbustes étant placés les uns à côté des autres. Cette technique convient aussi bien pour les haies taillées que pour les haies libres, quelle que soit leur hauteur. Toutefois, pour obtenir un écran dense ou constituer un brise-vent efficace dans un site exposé, mieux vaut planter en quinconce, c'est-à-dire sur deux rangs espacés de 40 ou 50 cm. Cette disposition mobilise évidemment une surface au sol plus importante, mais elle permet aussi de créer un relief intéressant dans le cas des haies libres. D'autre part, une haie très large constitue un abri pour la faune et pour le gibier. À la campagne, les haies bocagères traditionnelles sont plantées sur deux rangs (et même parfois trois) et en quinconce.

Préparer la plantation

Théoriquement, la plantation d'une haie se prépare un an à l'avance par un désherbage systématique de la bande de terrain concernée, c'est-à-dire sur une largeur de 1 à 1,20 m pour une haie simple et de 1,50 à 2 m pour une haie double. Ce travail est exécuté au moyen de binages fréquents, ce qui permet efficacement de se débarrasser des plantes indésirables risquant de concurrencer les arbustes de la haie.

Quelques mois ou même un an avant la plantation, en automne ou au printemps, il est bon (au moins pour les espèces non indigènes) d'enrichir le sol en incorporant de la matière organique – terreau du commerce ou compost de jardin bien décomposé. Cette opération n'implique pas le retournement du sol à une profondeur d'un fer de bêche : mieux vaut en effet, suivant les méthodes du jardinage biologique, l'aérer sans le retourner, à l'aide d'une fourche-bêche, et incorporer superficiellement le terreau. On évite ainsi le bouleversement de la structure du sol et l'on favorise le développement de la vie organique. Toutefois, si la terre est raisonnablement fertile, on peut fort bien planter sans préparation, en enfouissant simplement du terreau au moment de mettre les plantes en place.

Le mulching

Pour éviter le développement des mauvaises herbes et le tassement de la terre, vous pouvez mettre en place quelques mois ou un an avant la plantation un film plastique noir pour haie, d'une largeur de 1,20 m, dont vous enterrerez les bords. Vous planterez ensuite en pratiquant des incisions dans la matière plastique, le film devant rester en place jusqu'à ce que l'arbuste soit parfaitement installé et enraciné et qu'il montre suffisamment de vigueur. Cette méthode est couramment pratiquée pour les haies de grande longueur, car elle facilite beaucoup le travail. Elle n'est en rien contraire aux principes de la culture biologique - à condition de ramasser le plastique une fois que la haie est établie. Dans un jardin, elle a pour défaut d'être peu esthétique, mais vous pouvez la recouvrir d'une couche de branchages broyés au broyeur électrique, qui joue en même temps le rôle de lest pour le film.

Il est également possible de remplacer le plastique par une couche de carton ondulé, parfaitement biodégradable, que vous vous

Mulching.

L'arrière-plan de la haie met en valeur les plantations du jardin.

procurerez facilement en récupérant des emballages, par exemple auprès d'une grande surface. Il est possible d'utiliser d'autres matériaux, en particulier la paille ou les copeaux assez gros (préférables à la sciure), qui sont cependant moins efficaces.

Les distances de plantation

Elles varient en fonction des espèces cultivées et de leur vigueur, ainsi que du style et de la hauteur que l'on entend donner à la haie. En outre, il faut aussi tenir compte du sol et de sa qualité, les arbustes étant moins vigoureux quand il est pauvre. C'est pourquoi les distances de plantation données dans les fiches sont exprimées par une fourchette.

Il est inutile de chercher à brûler les étapes et de planter très serré pour obtenir un semblant de haie le plus tôt possible. Les arbustes se gênent alors les uns les autres, certains prenant le pas sur les autres, qui finissent par mourir. De plus, une plantation trop serrée aboutit à l'étouffement des végétaux et favorise l'apparition de maladies. Pour les haies libres, l'espace réservé à chaque sujet doit lui permettre de prendre sa forme naturelle. L'espacement des différentes espèces constituant la haie ne sera donc pas régulier.

Quand planter ?

Les sujets à racines nues ne sont disponibles que pendant la période de dormance, c'est-à-dire de l'automne à la fin de l'hiver – d'octobre à mars-avril le plus souvent. Vous les planterez dès leur achat ou dès leur réception, dans la mesure du possible. À défaut, placez-les en jauge immédiatement, même pour quelques jours, afin que leur système radiculaire ne se dessèche pas.

La meilleure époque de plantation est en général l'automne, et plus particulièrement octobre-novembre. À cette période de l'année, on trouve des arbustes de bonne qualité, arrachés récemment et qui n'ont pas subi les effets du stockage ; en outre, la plante a le temps de s'enraciner avant les fortes gelées. Toutefois, on peut fort bien planter en plein hiver, à condition que le temps soit doux et que le sol ne soit pas détrempé.

La plantation automnale convient également et pour les mêmes raisons aux arbustes – conifères ou feuillus – achetés en conteneur. Certes, il est théoriquement possible de les installer toute l'année (sauf quand il gèle), puisque leurs racines sont enrobées dans leur motte terreuse. Cependant, il est plus difficile d'arroser efficacement ces arbustes, c'est-à-dire de mouiller leur motte en profondeur, quand ils sont en place que quand ils sont en conteneur. En effet, l'eau a tendance à se perdre dans la terre environnante, laissant sèche celle, plus compacte, de la masse radiculaire. On évitera donc de les planter au début de l'été, surtout dans les régions chaudes.

Dans le cas des arbustes à racines nues et de ceux en conteneur, préférez une plantation printanière pour toutes les espèces qui ne sont pas parfaitement rustiques. Les plantes auront le temps de s'installer et de s'enraciner avant de subir leur premier hiver, et seront ainsi plus résistantes.

Plantation à racines nues

Tracez d'abord l'emplacement de la haie à l'aide d'un cordeau ou en matérialisant une ligne au sol. Marquez ensuite la place de chacun des sujets, par exemple avec un petit piquet. Pour mesurer les espacements, fabriquez-vous une pige en coupant tout simplement un bâton à la bonne longueur.

Si vous mettez en place des arbustes relativement développés ou si l'espacement est faible, mieux vaut ouvrir une tranchée sur toute la longueur de la haie. Elle devra être suffisamment large et profonde pour contenir les racines des arbustes sans qu'il soit nécessaire de les comprimer. Ameublissez le fond de la tranchée à la fourche-bêche et amendez la terre sortie avec du terreau et des fertilisants organiques, si vous ne l'avez pas fait lors de la préparation.

Si vous installez de jeunes plants (ce qui est vivement conseillé), l'ouverture d'une tranchée n'est nullement nécessaire : creusez simplement pour chaque sujet un trou suffisant pour contenir ses racines. Le pralinage n'est pas indispensable si vous installez de jeunes plants, mais il est conseillé pour les sujets déjà bien développés. Vous devez aussi éliminer au sécateur les parties des racines qui sont cassées ou manifestement desséchées (habillage).

Mettez chaque arbuste en place, en jetant éventuellement un peu de terre au fond de la tranchée ou du trou, de manière à y asseoir la masse des racines. Maintenez-le d'une main de manière que le collet (le cercle de séparation

Le pralinage

Cette pratique ancienne consiste à tremper les racines d'un végétal, avant plantation, dans une boue épaisse et fertile qui favorisera le démarrage de nouvelles racines. Traditionnellement, cette préparation était constituée d'un mélange de bouse de vache, d'argile et d'eau. Aujourd'hui, on trouve en jardinerie du pralin prêt à l'emploi qu'il suffit de délayer dans l'eau. Le pralinage est nécessaire pour la plantation des fruitiers, des rosiers et des arbustes déjà bien développés, mais il n'est pas indispensable pour les jeunes plants.

entre la partie souterraine et la partie aérienne, bien visible sur l'écorce) ou le point de greffe soit au niveau du sol environnant ou quelques centimètres au-dessous. S'il s'agit de gros sujets, placez un bâton en travers de la tranchée ou du trou pour mieux évaluer le niveau du sol.

Rebouchez avec de la terre bien émiettée, afin qu'elle pénètre entre les racines. Il n'est pas nécessaire de la tasser – surtout, ne tentez pas de le faire du pied, car vous pourriez endommager les racines. En revanche, ménagez une cuvette tout autour de la plante avec un peu de terre et arrosez abondamment. Rebouchez ensuite la dépression laissée par l'écoulement de l'eau.

Plantation en conteneur

Les principes à observer sont les mêmes que pour les arbustes à racines nues. Toutefois, il faut commencer par humidifier en profondeur la motte des arbustes en laissant tremper les conteneurs durant environ un quart d'heure dans un récipient d'eau. Ne vous contentez pas de les arroser, car la terre resterait sèche au centre de la motte.

Après avoir matérialisé au cordeau l'implantation de la haie, creusez une tranchée ou des trous nettement plus larges et nettement plus profonds que les conteneurs. Rebouchez-les en partie avec de la terre émiettée, de manière que la base de la plante soit au niveau du sol ou légèrement au-dessous.

En sortant la motte de l'arbuste du conteneur, il arrive que l'on constate qu'elle est complètement envahie par les racines. Souvent, celles-ci se sont même enroulées plusieurs fois contre les parois du conteneur, formant un nœud compact. Un tel état de chose signifie que les plantes ont séjourné trop longtemps dans le récipient, et il est indispensable de briser ce nœud, faute de quoi le redémarrage du végétal serait long et incertain. Déroulez les racines extérieures, sans hésiter à les briser ou à les couper si nécessaire. Grattez l'extérieur de la motte avec un couteau, de manière à sectionner une partie des racines et à permettre le développement de nouvelles. Si la motte est vraiment très compacte, il faut la faire éclater par en dessous, à l'aide d'un transplantoir par exemple.

Lorsque l'arbuste, avec sa motte, est en place, rebouchez et arrosez, comme dans le cas des plantes à racines nues. Toutefois, veillez à donner à la cuvette la même largeur que la motte – si elle est plus grande, l'eau a tendance à s'évacuer vers l'extérieur, sans pénétrer dans la motte.

Arbustes en motte ou « conditionnés »

Les plantes en motte sont des sujets qui ont été arrachés avec leur motte de terre, que

La mise en jauge

Le principal danger qui menace les arbustes à racines nues est le dessèchement des racines, qui peut être très rapide dans certaines conditions. Il convient donc de prendre des précautions pour le transport : abstenez-vous de placer les végétaux non protégés sur une remorque ou sur la galerie d'une voiture, particulièrement s'il fait froid. Si vous devez différer la plantation, prenez la précaution de mettre les arbustes en jauge : creusez une petite tranchée en V au jardin, placez dedans les racines des végétaux et recouvrez de tourbe ou de terre fine humide. Si c'est le froid et le gel qui vous obligent à retarder la mise en place, mieux vaut mettre les arbustes en jauge sous un hangar, dans de grands conteneurs.

Goutte-à-goutte

Si vous plantez une haie très longue, ou si vous l'installez dans une maison de campagne où vous n'êtes pas présent tous les week-ends, l'arrosage risque de vous poser des problèmes.
Il faut en effet, dans le premier cas, lui consacrer beaucoup de temps et, dans le second, s'assurer la collaboration d'un jardinier ou d'un voisin, ou payer une entreprise. L'arrosage automatique représente alors une solution intéressante.
Pour une haie, il faut opter pour un arrosage par goutte-à-goutte, qui ravitaille en eau chaque sujet selon ses besoins. Les canalisations peuvent être enterrées au moment de la plantation – c'est souvent la meilleure solution – ou laissées en surface si vous préférez une installation temporaire, jusqu'à l'enracinement complet des arbustes.
Les apports en eau peuvent être réglés avec précision et pour une longue période, grâce à une commande centrale et à un système de programmation – et même à distance.
Les installations sont aujourd'hui très au point.
Le seul entretien consiste dans le nettoyage périodique des buses, à l'aide d'une simple épingle.

l'on a ensuite maintenue et protégée par une toile de jute ou un filet de matière plastique ou biodégradable. Pour la plantation, on doit les traiter comme des plantes en conteneur. Il faut sectionner le filet ou la toile avec un couteau, ou éventuellement les enlever, mais sans désagréger la motte. En tout cas, ne laissez pas un bout de jute dépasser hors du sol, car il pomperait l'humidité et tendrait à assécher la terre autour des racines. Quant aux arbustes « conditionnés », ce sont des sujets (en particulier des rosiers) à racines nues mais protégés par un manchon de tourbe, enveloppé dans un film de matière plastique ; vous devez donc les planter comme les végétaux à racines nues.

Les premiers soins

L'arrosage

Durant les mois qui suivent la plantation, les jeunes arbustes sont essentiellement menacés par la sécheresse et par la concurrence de la végétation spontanée.

Une fois par semaine, arrosez chaque plant individuellement, à raison d'une dizaine de litres. Si vous avez planté en automne, il ne faut pas négliger les apports d'eau sous prétexte qu'il commence à faire froid ou même qu'il pleut. En effet, il faut maintenir le sol humide pendant toute la mauvaise saison : une sécheresse hivernale prolongée peut entraîner la mort des arbustes. En revanche, interrompez les arrosages si le gel ou la neige est annoncé ou, bien entendu, si le sol est détrempé. Au printemps, recommencez à arroser de manière régulière, et continuez jusqu'à l'automne.

Si vous avez planté tardivement au printemps, il convient d'être particulièrement attentif aux arrosages : en effet, les arbustes encore peu enracinés sont très fragiles et peuvent succomber à une sécheresse, même temporaire. Effectuez des arrosages généreux aussi souvent que nécessaire (jusqu'à trois fois par semaine en période de canicule).

Le désherbage

Si vous n'avez pas mis en place un mulching avant la plantation, vous pouvez étaler cette protection après coup. Un film noir, des feuilles de carton ou une bonne couche de paille permettent en effet de réduire l'évaporation et de conserver au sol sa fraîcheur. Ils évitent en même temps la croissance des mauvaises herbes, ce qui est très important pour le bon développement des arbustes. En effet, il n'est pas rare que de jeunes plants ligneux soient étouffés par des vivaces et des annuelles très vigoureuses, qui confisquent à leur profit l'eau et les éléments nutritifs du sol. À défaut de mulching, il convient donc d'effectuer des binages réguliers, dès la fin de l'hiver et durant toute la période de végétation. En brisant la croûte qui se forme en surface sur les sols un peu argileux, cette pratique permet l'aération des racines et la pénétration des eaux de pluie et d'irrigation. Elle peut paraître fastidieuse, mais c'est en fait un exercice simple, facile et rapide, qui permet d'éradiquer en quelques mois les mauvaises herbes les plus tenaces. Le binage est en tout cas préférable à l'utilisation de désherbants - qui représentent toujours un danger pour la végétation du jardin et pour l'environnement.

La taille de formation

C'est celle que l'on effectue sur les arbustes tant que la haie n'a pas atteint sa hauteur définitive. D'une manière générale, au moins pour les haies régulières, il faut laisser monter les végétaux relativement lentement. En effet, une taille de formation trop peu sévère donne des arbustes dégingandés et dégarnis à la base.

Haie régulière d'arbustes à feuillage caduc

Aucune taille n'est effectuée à la plantation, sauf sur les troènes, quand ils n'ont pas été rabattus à la pépinière. Au mois de mars qui suit la

Taille de formation : taillez les rameaux et désépaississez la haie pour stimuler les ramifications dès la base.

Taille de plantation : raccourcissez de moitié toutes les branches.

plantation, rabattez sévèrement les arbustes au sécateur à 40 ou 60 cm du sol selon le développement et la vigueur, afin de susciter le démarrage de nombreuses pousses à la base. Par la suite, il faut rabattre chaque année, en mars, en raccourcissant du tiers supérieur les pousses de l'année précédente. Vous pouvez même aller jusqu'à la moitié de la longueur si les arbustes vous paraissent insuffisamment denses.

Si vous avez mis en place une haie champêtre de jeunes plants d'arbustes particulièrement tolérants à la taille, comme le noisetier, l'érable champêtre ou le charme, vous pouvez attendre trois ans sans y toucher, afin que les végétaux s'enracinent fortement. Rabattez-les alors de manière radicale, à une hauteur de seulement 15 à 20 cm. Vous obtiendrez ainsi une forte ramification à la base des plantes.

Haie libre d'arbustes à feuillage caduc

La taille doit être beaucoup moins sévère puisqu'il est souhaitable que chaque sujet puisse développer sa forme naturelle. La taille de formation consiste néanmoins à rabattre légèrement, en fin d'hiver, les pousses de l'année, de manière à donner une structure assez dense. Attachez-vous en outre à éliminer les pousses mal dirigées afin de donner une silhouette harmonieuse.

Haie régulière d'arbustes à feuillage persistant

Pour les arbustes persistants, vous pouvez raccourcir toutes les branches de moitié à la plantation. S'ils ont tendance à pousser droit sans s'étoffer à la base, n'hésitez pas à les rabattre très sévèrement durant les deux premières années. Ensuite, raccourcissez les pousses de l'année, comme pour les caducs.

Haie régulière de conifères

La règle consiste à ne pas toucher aux arbustes tant qu'ils n'ont pas atteint la hauteur définitive que l'on souhaite pour la haie. La taille de formation est alors effectuée tout au début du printemps : elle consiste à couper tous les rameaux à la hauteur voulue, puis à épointer légèrement ceux des flancs.

La taille d'entretien

Elle intervient une fois par an dans la majorité des cas, ou plus fréquemment pour les arbustes très vigoureux ou les haies régulières soigneusement tenues. L'outil de taille classique est la cisaille à main, très efficace à condition qu'elle soit bien affûtée. Il faut la manier à petits coups secs, en levant légèrement les lames au moment de la coupe de manière à les faire rebondir et à économiser ainsi des forces. Bien entendu, le taille-haie électrique a largement remplacé la cisaille manuelle, et il facilite grandement le travail de tonte – relativement épuisant si la haie est longue. Il faut le préférer, chaque fois que c'est possible, au taille-haie à moteur thermique, plus lourd et moins pratique.

Lorsque la haie a atteint sa taille définitive, vous n'avez plus qu'à couper deux fois par an à la cisaille les rameaux qui dépassent.

Taille d'un arbuste persistant les premières années : en mars, taillez toutes les branches aux deux tiers.

Toutefois, c'est au sécateur qu'il faut avoir recours pour tailler les arbustes à grandes feuilles comme l'aucuba, car la cisaille mutile le feuillage et le fait jaunir. Le même outil sera aussi retenu pour la taille de nettoyage et de mise en forme des arbustes des haies libres. Pour tailler, il faut tenir compte des particularités de chaque espèce.

Arbustes à floraison décorative

Taillez après la floraison les espèces qui fleurissent au printemps, sur le bois de l'année précédente. En revanche, taillez en mars celles qui fleurissent en été ou en automne, sur le bois de l'année. Toute taille à contretemps compromet la floraison. Toutefois, on traite parfois en haie régulière certaines espèces dont les fleurs s'épanouissent sur presque toute la longueur des rameaux, en particulier le forsythia, et on taille alors en été. On perd certes une partie de la floraison, mais on obtient une belle haie taillée colorée. Un tel traitement ne convient évidemment pas aux arbustes qui fleurissent à l'extrémité des rameaux.

Arbustes à fructification décorative

Les buissons ardents (berbéris), les cotonéasters et les autres espèces donnant des fruits ornementaux en fin d'été doivent être taillés assez légèrement et après la floraison de printemps. Il s'agit en général de supprimer simplement les rameaux trop vigoureux, qui ne porteront que peu de fruits, afin de garder à l'arbuste son équilibre. On peut cependant aussi tailler en fin d'hiver, avec les mêmes objectifs.

Espèces à feuillage décoratif et conifères

Ces arbustes tolèrent en général fort bien la taille et peuvent être rabattus à différentes époques de l'année. On opère souvent après le développement des pousses de printemps, c'est-à-dire en juin ou en juillet, en fonction des espèces et des zones climatiques. On pratique aussi la taille d'hiver, pour régulariser la forme avant le début de la croissance. Si la croissance des arbustes est rapide, on intervient également en septembre.

Taille des haies libres

Elle est en général assez succincte. On intervient à différentes époques de l'année, en fonction des caractéristiques de chaque espèce. Il s'agit avant tout de nettoyer les arbustes et de supprimer les rameaux mal dirigés, et parfois de limiter le développement de manière que l'ensemble reste harmonieux.

Taille des haies régulières

Elle doit être assez fréquente (en fonction de la vitesse de croissance), si l'on souhaite obtenir des arbustes parfaitement formés et denses. Elle se pratique traditionnellement au cordeau : fixez-le sur des piquets plantés aux extrémités et réglez l'horizontalité en mesurant la hauteur en différents points. Les haies taillées doivent être légèrement plus minces au sommet qu'à la base (profil en trapèze isocèle), de manière à permettre un bon ensoleillement sur toute la hauteur, ce qui évite que la partie basse ne se dégarnisse.

Le recépage

Lorsque la taille a été mal faite ou qu'un gel rigoureux a éprouvé les arbustes, les haies anciennes se « déplument » à la base et prennent un aspect disgracieux. Pour leur redonner leur jeunesse, il faut les recéper, c'est-à-dire les rabattre à 25 ou 30 cm du sol, au moyen d'un sécateur à deux branches ou d'une scie. Cette pratique ne concerne que les feuillus, les conifères ne rejetant pas de souche.

Rabattre une tige

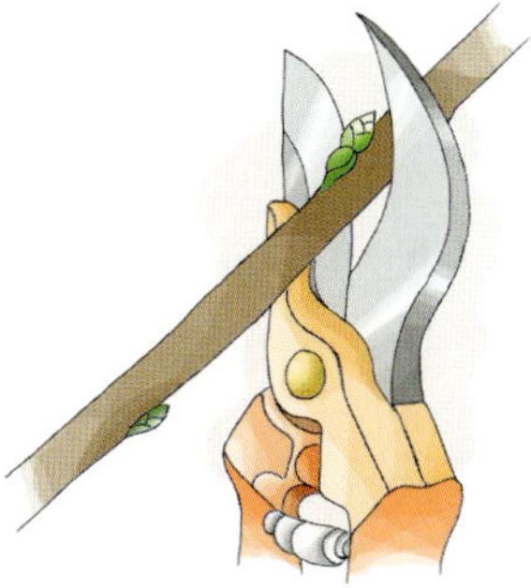

Rabattre une tige à bourgeons alternes.

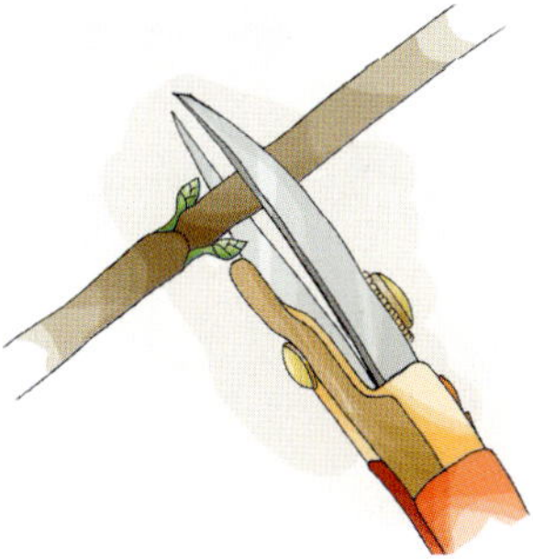

Rabattre une tige à bourgeons opposés.

L'entretien courant

Une fois les haies établies et profondément enracinées, leur entretien se réduit à peu de chose, à condition que vous ayez choisi des arbustes résistants. L'engrais est en général inutile et les arrosages ne sont nécessaires qu'en période de sécheresse prolongée, hormis dans les régions chaudes ou très ventées.

Les arbustes feuillus indigènes ne sont guère malades et résistent fort bien aux parasites. En revanche, les conifères sont plus fragiles et sont menacés par des maladies cryptogamiques et des insectes parasites. Les symptômes sont divers : décoloration, brunissement ou dessèchement du feuillage, présence de pustules sur les rameaux, etc. Toutefois, les attaques sont parfois foudroyantes et il est souvent trop tard lorsque l'on identifie la maladie, comme dans le cas du dépérissement des conifères dû à un champignon parasite *(Phytophora cinnamomi)*. C'est pourquoi il est sage d'effectuer systématiquement des traitements préventifs, au moyen des produits appropriés que l'on trouve en jardinerie.

Les types de haies

Haie libre à caractère champêtre

C'est la haie laissée à elle-même, la haie bocagère qui borde les chemins et entoure les prés. Elle est libre parce que les arbustes ne sont pas contraints par la taille – et aussi parce qu'elle est composée de diverses espèces, certaines s'invitant parfois d'elles-mêmes.

On cherche en général à marier les arbustes de manière que l'ensemble présente un intérêt en toutes saisons, par la succession des floraisons et des fructifications, par la beauté des feuillages d'automne ou encore par les parfums. Le choix peut aussi privilégier des plantes à baies, qui attirent les oiseaux, ou des arbustes mellifères visités par les abeilles.

Les espèces régionales, indigènes ou naturalisées, sont souvent les plus intéressantes étant donné leur rusticité et leur robustesse, toutefois, vous pouvez également opter pour des plantes moins courantes.

Ce type de plantation, très naturel, est simple à entretenir et peut être laissé livré à lui-même pendant des années. La taille, effectuée au sécateur à main ou à deux branches, consiste en un simple nettoyage : éliminez le bois mort ainsi que les branches qui se dirigent vers l'intérieur, afin d'aérer et d'alléger l'ensemble. Il faudra en revanche tailler les arbustes qui s'étalent excessivement ou qui poussent vite, menaçant d'étouffer leurs voisins. La hauteur peut être limitée, tous les deux, trois ou quatre ans, selon les espèces cultivées et les impératifs particuliers (vue, protection contre le vent ou les regards...).

La plantation se fait le plus souvent sur deux rangs, en quinconce, de manière à obtenir un rideau bien étoffé.

Arbre à perruques.

Spirée.

Les meilleures espèces

Amélanchier *(Amelanchier)*, charme *(Carpinus betulus)*, cornouiller *(Cornus)*, cytise *(Laburnum)*, fusain *(Euonymus)*, noisetier *(Corylus)*, troène *(Ligustrum)*, arbre aux papillons *(Buddleja)*, forsythia *(Forsythia)*, spirées *(Spiraea* x *vanhouttei* et *S.* x *arguta)*, seringat *(Philadelphus)*, arbre à perruques *(Cotinus coggygria)*, weigela *(Weigela)*, saule *(Salix)*.

Délimiter un pavillon : haie taillée

La haie taillée est intéressante pour deux aspects : sa faible largeur, d'une part, ce qui la qualifie pour les petits jardins et pour toutes les surfaces limitées, et sa dimension esthétique, d'autre part. En effet, son volume géométrique, selon une ligne souvent droite, mais qui peut aussi être sinueuse, convient à un certain style de jardin par son caractère net et policé.

Ce type de haie est généralement constitué d'une espèce unique, même si ce n'est nullement une obligation et que des compositions, par exemple à deux espèces, donnent souvent de bons résultats et évitent la monotonie, défaut inhérent à ces alignements.

Vous pouvez soumettre à la taille de très nombreux arbustes et, en tout cas, une bonne partie de ceux utilisés en haies libres. C'est ainsi qu'une haie taillée de noisetier est parfaitement possible. Toutefois, les espèces à petites feuilles forment une masse généralement plus dense et prennent des formes plus nettes et régulières. Elles se laissent d'autre part tondre à la cisaille, alors qu'il faut utiliser le sécateur pour les arbustes à grandes feuilles, afin de ne pas les déchiqueter. Les espèces classiquement utilisées si l'on souhaite des volumes parfaits, de véritables haies au carré, taillées au cordeau, sont surtout le buis et l'if.

Pour être belle et dense, la haie taillée doit être montée lentement, plus encore qu'une haie libre. En outre, on lui donne une forme légèrement trapézoïdale, avec une base plus large que le sommet, de manière qu'elle soit parfaitement ensoleillée sur toute sa hauteur.

Les meilleures espèces

Berbéris *(Berberis)*, buis *(Buxus)*, fusain *(Euonymus)*, troène *(Ligustrum)*, charme *(Carpinus betulus)*, cyprès *(Cupressus)*, if *(Taxus baccata)*, buisson ardent *(Pyracantha)*, thuya *(Thuja)*, houx *(Ilex)*.

Buis.

Thuya.

Une haie pour s'abriter des regards

Toutes les espèces conseillées pour les haies conviennent pour constituer ce type d'écran, destiné à protéger un terrain des regards indiscrets. Une telle protection implique évidemment une certaine hauteur afin qu'il ne soit pas possible de voir au-dessus de la haie.

Toutefois, au moment de choisir les espèces, il convient de bien définir les besoins, en l'occurrence le type d'intimité que l'on souhaite assurer, en fonction des circonstances et de la disposition des lieux : d'où vous voit-on et quelles parties souhaitez-vous abriter ? S'il s'agit de masquer aux regards la totalité du jardin, on fera évidemment appel à des espèces à feuillage persistant. En revanche, si l'on souhaite simplement qu'un coin de gazon ne soit pas visible depuis le jardin du voisin, des arbustes à feuillage caduc peuvent convenir dans la mesure où la pelouse n'est utilisée que durant la belle saison.

Le défaut d'une haie « écran total », surtout quand elle est haute et que la surface est réduite, c'est de fermer complètement l'espace au point, parfois, de créer un sentiment d'oppression et, bien sûr, de masquer les vues intéressantes sur l'environnement. La protection de l'intimité peut alors être modulée de manière à simplement couper la vision de l'extérieur sur des parties « névralgiques ». En effet, un bref alignement d'arbustes denses peut être suffisant, quand il est bien placé, pour interdire aux regards tout un secteur du jardin.

Les meilleures espèces

Laurier-tin *(Viburnum tinus)*, amélanchier *(Amelanchier canadensis)*, argousier *(Hippophae rhamnoides)*, charme *(Carpinus betulus fastigiata)*, cyprès *(Cupressus sempervirens)*, berbéris *(Berberis)*, buis *(Buxus)*, fusain *(Euonymus)*, troène *(Ligustrum)*, if *(Taxus baccata)*.

Laurier-tin.

If.

Forsythia.

Cornouiller.

Une haie urbaine

Face à la pollution par la poussière, les gaz d'échappement et le bruit, la haie forme un manteau isolant qui empêche le passage des particules de poussière, voire des bactéries, et qui atténue notablement les bruits du trafic ainsi que les vibrations.

Dans ce domaine, les choses sont difficilement quantifiables, mais on peut estimer qu'une haie bien conçue – c'est-à-dire suffisamment large et touffue – réduit l'intensité des bruits de la rue de 25 à 45 %.

Les végétaux sélectionnés pour les haies antibruit et antipollution doivent eux-mêmes parfaitement résister à la pollution urbaine. Les plus efficaces sont ceux qui présentent de larges feuilles pileuses ou duveteuses (comme celles de *Viburnum rhytidophyllum*), qui piègent les poussières, ou un petit feuillage très dense, agissant de la même manière qu'un filtre à air. Bien entendu, puisque le problème du bruit est permanent, on privilégiera les espèces à feuillage persistant – même si une haie de caducs peut constituer un bon écran antipollution pour le jardin au moment où l'on utilise le plus ce dernier et où les végétaux sont en période de croissance.

Une haie antibruit ou antipollution peut par exemple être plantée dans le jardin pour protéger une terrasse de plain-pied ou le coin potager, afin que les légumes ne soient pas souillés par la poussière.

Les meilleures espèces

Viorne *(Viburnum)*, noisetier *(Corylus)*, cornouiller *(Cornus)*, érable *(Acer)*, forsythia *(Forsythia)*, spirée *(Spiraea)*, saule *(Salix)*, amélanchier *(Amelanchier)*, berbéris *(Berberis)*, arbre aux papillons *(Buddleja)*, if *(Taxus)*, buis *(Buxus)*.

Haies basses pour séparer des parcelles

Les bordures de buis bien nettes que l'on peut voir à Versailles sont en fait héritées des jardins du Moyen Âge, en particulier des monastères, où elles servaient de rempart protecteur pour les plantes médicinales et aromatiques qu'elles entouraient. Elles les protégeaient non seulement du piétinement, mais aussi du vent et des ravageurs, en particulier les limaces et les escargots.

Le jardinage biologique a repris cette tradition et entoure parfois les carrés de légumes de bordures libres ou taillées de thym ou de santoline. Quant à la bordure de buis classique, dense et soignée, elle fait souvent bon ménage, du point de vue décoratif, avec un style de plantation très libre, jouant le rôle de contrepoint face à la relative anarchie des feuillages.

Les petites haies internes donnent aussi la possibilité de structurer le jardin, en y traçant des lignes permanentes, qu'elles soient droites ou sinueuses. Elles sont mises à contribution par les paysagistes pour créer des jeux d'illusion, afin de gommer la forme difficile d'un terrain ou de donner une impression de profondeur et d'espace, avec des lignes de fuites, ou de largeur dans un jardin tout en longueur, avec des perpendiculaires à l'axe. Une petite haie de fusain, de buis ou de romarin peut même être utilisée en trompe-l'œil, pour créer de la profondeur : on lui donne alors une hauteur décroissante afin que la ligne de fuite soit en quelque sorte accélérée.

En outre, une haie basse qui isole, par exemple, un coin repos avec un banc de pierre, ou qui masque un élément inesthétique, constitue par elle-même un bel ornement, en particulier quand elle est densément fleurie.

Les meilleures espèces

Berbéris *(Berberis)*, buis *(Buxus)*, cognassier du Japon *(Chaenomeles speciosa)*, fusain *(Euonymus fortunei)*, if *(Taxus media)*, millepertuis *(Hypericum)*, genévrier *(Juniperus chinensis)*, lavande *(Lavandula)*, chèvrefeuille arbustif *(Lonicera nitida)*.

Berbéris.

Millepertuis.

Bien s'abriter du vent : haies brise-vent

Un écran végétal constitue la meilleure des protections contre le vent dans la mesure où il le filtre et l'atténue, au lieu de s'y opposer abruptement. À l'inverse, derrière un mur ou une palissade se crée une zone de dépression et de turbulence, avec des tourbillons désagréables, peu propices aux cultures.

Le premier avantage du brise-vent est d'être favorable aux cultures de tous ordres en évitant les silhouettes tordues, les retards de croissance ou les feuilles déchiquetées. Il crée un microclimat avec un accroissement de la température au sol et une accumulation des précipitations. Enfin, il favorise l'activité des abeilles et la pollinisation.

Les plantes sélectionnées doivent elles-mêmes résister au vent et il convient donc d'opter pour des espèces rustiques, indigènes, présentant en outre un feuillage également dense sur toute leur hauteur. Une bonne haie brise-vent doit être épaisse et l'on adopte généralement une plantation en quinconce. On considère que la protection apportée par une haie de ce type s'étend sur une longueur égale à dix à vingt fois sa hauteur. Un rideau de bambou de 2,50 m de haut protège donc sur au moins 25 m.

Les meilleures espèces

Érable *(Acer campestre)*, argousier *(Hippophae rhamnoides)*, charme *(Carpinus betulus)*, cèdre nain *(Cedrus atlantica)*, aulne *(Alnus)*, cyprès *(Cupressus sempervirens)*, tamaris *(Tamarix)*, if *(Taxus baccata)*, thuya *(Thuja)*.

Pour les écrans brise-vent moyens (5 m) et petits (de 2 à 4 m), vous retiendrez toutes les espèces rustiques et à feuillage dense, en particulier les arbres régionalement bien adaptés que vous traiterez en cépée, par exemple le cornouiller, le houx, le troène ou le noisetier, mais aussi le chêne, l'érable ou le hêtre. Les bambous, avec des espèces de diverses hauteurs, conviennent dans de nombreux cas.

Érable.

Charme.

Lilas.

Bon à savoir

Les parfums, de feuillages ou de fleurs, sont en général plus fort à la chaleur. C'est pourquoi une haie plantée devant un mur ou un muret, qui réfléchit et emmagasine le rayonnement solaire, est particulièrement odorante.

Une haie odorante

Les arbustes parfumés sont nombreux, et il est toujours possible de les maintenir dans l'espace qui leur est attribué, quel que soit le type de l'alignement. C'est facile dans le cas de la haie libre, où l'on peut faire figurer quelques espèces odorantes dans une composition, ou même ne sélectionner que celles-ci, sans beaucoup de problèmes. Mais une haie taillée monospécifique peut aussi diffuser des senteurs de feuillage, certes souvent discrètes, grâce à des arbustes comme le buis, le thuya ou le cyprès (l'un et l'autre ont une odeur de résine), qui embaument, surtout quand il fait chaud.

Dans le cas d'une haie basse, les possibilités sont nombreuses avec, par exemple, le romarin, la lavande, le myrte (pour la région méditerranéenne) ou les armoises.

Mais c'est bien entendu la haie fleurie qui offre le choix le plus vaste avec des champions du parfum comme le seringat, le lilas, les viornes ou, bien entendu, le rosier. Il y en a pour toutes les saisons, avec des arbustes de printemps, d'été et d'automne – et même d'hiver (chimonanthus, hamamélis...).

Les meilleures espèces

Buis *(Buxus sempervirens)*, cyprès *(Cupressus)*, lavande *(Lavandula)*, lilas *(Syringa)*, viorne *(Viburnum)*, hamamélis *(Hamamelis mollis)*, seringat *(Philadelphus)*, genêt *(Cytistus)*, cèdre nain *(Cedrus libani)*, chèvrefeuille *(Lonicera fragrantissima)*.

Cèdre nain.

Sureau.

Houx.

Haies à baies décoratives

Au jardin, le printemps et l'été offrent une profusion de fleurs. En revanche, l'automne est nettement plus chiche. Pourtant, de nombreux arbustes réservent une surprise de fin de saison en se couvrant d'une multitude de fruits colorés, le plus souvent rouges, mais également orangés, jaunes, violets, bleus, blancs ou noirs. Cette superbe fructification présente en outre l'avantage de se prolonger très tard dans la saison, parfois même jusqu'au cœur de l'hiver.

Ces baies décoratives constituent par ailleurs un élément attractif pour les oiseaux, qui en raffolent. Alors que les habitats naturels se raréfient, une haie de fusain, de houx, de berbéris ou de cornouiller représente un précieux garde-manger pour eux (mais attention, la plupart de ces baies sont toxiques pour l'homme).

La haie libre est sans doute la meilleure forme pour les arbustes à fructification ornementale. Elle donne en effet l'occasion de marier les espèces en jouant sur les couleurs des baies, et d'associer différents types de végétaux. Les baies colorées sont aussi du meilleur effet sur les haies régulières, mais il faut alors tailler uniquement à la fin de l'hiver, pour permettre aux fleurs de donner leurs fruits.

Les meilleures espèces

Berbéris *(Berberis)*, fusain *(Euonymus)*, buisson ardent *(Pyracantha)*, houx *(Ilex)*, sureau *(Sambucus)*, grenadier *(Punica granatum)*, cognassier du Japon *(Chaenomeles)*, cornouiller *(Cornus mas)*, argousier *(Hippophae rhamnoides)*.

Le guide des espèces

Érable

Acer

CULTURE

Espèces en général peu exigeantes, pour la mi-ombre ou le soleil, que l'on peut en général cultiver en cépée.

- **Plantation :** de septembre à juillet.
- **Floraison :** avril-mai.
- **Taille :** Supporte des tailles sévères, au sécateur, en hiver.
- **Sol :** ordinaire, même aride et calcaire.
- **Multiplication :** semis en février-mars ; bouturage au printemps ; greffe en été.
- **Croissance :** lente.
- **Exposition :** ensoleillée.
- **Caractéristique :** rustique.
- **Feuillage :** caduc.

DESCRIPTIF

Acer campestre - Érable champêtre

Arbre ramifié à cime arrondie et à branches latérales étalées. Grandes feuilles de 6 à 10 cm lobées, vertes, puis rougeâtres ou jaunâtres à l'automne. Fleurs vertes à jaunâtres, abondantes mais peu spectaculaires.

- **Origine :** Europe.
- **Dimensions :** 15 m de haut, 5 m d'étalement - ou 5 m de haut et 3 m d'étalement (cépée).
- **Utilisation :** haies libres ou taillées (cépées), brise-vent.
- **Variétés :** 'Elsrijk', plus petit et plus régulier ; 'Nanum', 2 m de haut et 1,50 m de large, adapté aux haies taillées ; 'Postelense', nain, à feuilles jaunes à l'automne ; 'Pulverulentum', à feuilles ponctuées de blanc ; 'Royal Ruby', rougeâtre au printemps.
- **Particularité :** espèce à fleurs très mellifères.

Amélanchier

Amelanchier canadensis

CULTURE

Cette espèce apprécie les pentes ensoleillées, mais elle supporte un peu d'ombre.

- **Plantation :** de septembre à juillet.
- **Floraison :** avril-mai.
- **Taille :** à la cisaille, en hiver.
- **Sol :** profond et frais, ni trop humide ni trop calcaire.
- **Multiplication :** bouturage « en sec » à talon ou sous l'œil, de novembre à mars.
- **Croissance :** rapide.
- **Exposition :** ensoleillée.
- **Caractéristique :** rustique
- **Feuillage :** caduc.

DESCRIPTIF

Arbuste dressé très coloré au printemps et à l'automne, originaire d'Amérique du Nord, mais naturalisé dans certains pays d'Europe. Feuilles de 5 à 8 cm de long, oblongues ou elliptiques, d'abord vert foncé puis orangées à l'automne, n'apparaissant qu'après la floraison. Nombreuses fleurs en grappes blanches. Petits fruits comestibles à la fin de l'été.

- **Origine :** Amérique du Nord (littoral Atlantique).
- **Dimensions :** de 6 à 8 m de haut et 5 m d'étalement.
- **Utilisation :** haies libres ou taillées.
- **Particularité :** les rameaux fleuris printaniers font de beaux bouquets.

ÉPINETTE-VINETTE

Berberis

CULTURE

- **Plantation :** de septembre à décembre, après les gelées pour les espèces les plus sensibles.
- **Floraison :** avril
- **Taille :** au sécateur ou à la cisaille, au printemps.
- **Multiplication :** semis sur couche tiède, en mars-avril, et boutures à talon ligneuses de juillet à septembre.
- **Croissance :** rapide.
- **Exposition :** ensoleillée.
- **Caractéristique :** semi-rustique à rustique selon les variétés.
- **Feuillage :** persistant ou caduc.

• BERBÉRIS À FEUILLAGE PERSISTANT

DESCRIPTIF

Berberis buxifolia

Buisson compact à rameaux épineux et bruns, décoratif par son port et ses fleurs. Petites feuilles de 1 à 3 cm de long, à belles teintes automnales. Fleurs isolées ou par paires et orangées. Petits fruits rougeâtres - baies de 2 cm de diamètre - et peu abondants.

- **Origine :** Chili.
- **Distance de plantation :** de 40 à 60 cm.
- **Dimensions :** de 1 à 3 m de haut et de 70 cm à 2,50 m d'étalement.
- **Utilisation :** haies défensives libres ou taillées.
- **Variétés :** 'Nana', cultivar en boule compacte (de 40 à 50 cm de haut et de 60 à 80 cm de large), peu épineux et à croissance lente, utilisé en haies basses et supportant la mi-ombre.

Berberis buxifolia.

Berberis thunbergii.

• Berbéris à feuillage caduc

Berberis thunbergii

Arbuste touffu à port dressé. Rameaux épineux et glabres, jaunâtres lorsqu'ils sont jeunes, puis virant au brunâtre. Petites feuilles vertes prenant de belles teintes rouges à l'automne de 1 à 3 cm de long. Fleurs jaune-rouge en clochettes. Baies rouge vif.

- **Origine :** Asie
- **Dimensions :** 1,50 m de haut et 1 m d'étalement.
- **Utilisation :** haies défensives libres ou taillées.
- **Variétés :** 'Atropurpurea', plus grand (de 1,50 à 2 m de haut et 1,50 m d'étalement) ; 'Atropurpurea Nana', forme naine compacte (40 cm de haut et 70 cm d'étalement) ; 'Red Chief', très vigoureux (3 m de haut et 1,50 m de large) et à branches retombantes ; 'Rose Glow', à port élargi (1,20 m de haut et 1 m d'étalement).
- **Plantation :** de septembre à mars.
- **Floraison :** avril-mai.
- **Taille :** au sécateur ou à la cisaille, en hiver.
- **Sol :** ordinaire, mais sans excès de calcaire.
- **Multiplication :** par semis en plein air, de mars à avril, et par boutures à talon ou sous l'œil, de mai à juin.
- **Feuillage :** caduc.

Arbre aux papillons

Buddleja davidii

CULTURE

Espèce peu exigeante, à planter en situation ensoleillée et chaude, et à protéger en hiver dans les régions froides. Supporte la pollution urbaine et le bord de mer.

- **Plantation :** de septembre à juin.
- **Floraison :** de juin à août.
- **Taille :** sévère, à la fin de l'hiver.
- **Sol :** même peu fertile, sec ou calcaire.
- **Multiplication :** semis en mars, bouturage sous cloche de juin à novembre.
- **Croissance :** rapide.
- **Exposition :** ensoleillée.
- **Caractéristique :** rustique.
- **Feuillage :** caduc

DESCRIPTIF

Arbuste à port souple et irrégulier, ramifié à la base. Longues feuilles de 10 à 30 cm de long, vertes à revers blanc, ne tombant qu'à la fin de l'année. Petites fleurs en longues panicules de 15 à 70 cm de long, roses, violettes, blanches ou lilas.

- **Origine :** Chine.
- **Dimensions :** de 4 à 5 m de haut et de 2,50 à 3,50 m d'étalement.
- **Utilisation :** haies fleuries, libres ou taillées, brise-vent.
- **Variétés :** 'Île de France', à panicules violettes à gorge jaune de 40 à 50 cm de long ; 'Pink Delight', à panicules rose vif de 30 à 40 cm de long et à feuillage argenté ; 'White profusion', à panicules blanches de 40 à 50 cm de long ; var. nanhoensis, plus petit (de 1 à 1,50 m), adapté aux haies basses.
- **Particularité :** inflorescences odorantes et mellifères, attirant les papillons.

Buis commun

Buxus sempervirens

CULTURE

Espèce résistante, à cultiver au soleil ou en mi-ombre, et même en terrain pierreux. L'excellente aptitude à la taille permet d'obtenir des formes géométriques variées (art topiaire).

- **Plantation :** de septembre à juin.
- **Floraison :** avril
- **Taille :** plusieurs fois dans l'année, toute l'année.
- **Sol :** tous types, même peu fertile, calcaire ou rocailleux.
- **Multiplication :** boutures à talon ligneuses d'août à octobre.
- **Croissance :** lente.
- **Exposition :** ensoleillée.
- **Caractéristique :** rustique.
- **Feuillage :** persistant.

DESCRIPTIF

Petit arbre buissonnant à bois dur. Jeunes rameaux quadrangulaires, pubescents et verts. Nombreuses petites feuilles de 1 à 3 cm, ovales à oblongues et vert foncé brillant. Fleurs jaune clair, insignifiantes et odorantes, en grappes - avec une seule fleur femelle entourée de fleurs mâles - à l'aisselle des feuilles. Les fruits sont de petites capsules.

- **Origine :** hémisphère nord.
- **Dimensions :** de 6 à 8 m de haut.
- **Utilisation :** haies taillées, topiaire.
- **Variétés :** 'Elegans', de 1 à 1,20 m de haut et 1 m d'étalement, à feuilles ovales ondulées, pour petites haies ; 'Pyramidalis', de 1,20 à 1,50 m de haut et de 80 cm à 1 m d'étalement, de forme conique et à feuilles opposées oblongues, pour petites haies ; 'Rotundifolia', 4 m de haut et 3 m d'étalement, à port érigé et feuilles arrondies, le plus utilisé pour les haies.

CHARME COMMUN
Carpinus betulus

CULTURE
Espèce facile à tailler et à cultiver, en situation ensoleillée ou mi-ombragée. Résistante aux parasites.
- Plantation : de septembre à juin.
- Floraison : mars-avril.
- Taille : à la cisaille, en hiver.
- Sol : frais, perméable et même calcaire.
- Multiplication : boutures « en sec » à talon ou sous l'œil, de novembre à mars.
- Croissance : rapide.
- Exposition : ensoleillée.
- Caractéristique : rustique.
- Feuillage : caduc.

DESCRIPTIF
Arbre à cime ovoïde, à tronc cannelé et à rameaux fortement pubescents. Feuilles de 5 à 8 cm, ovales, à revers pubescent, vertes et jaunissant à l'automne. Fleurs en chatons insignifiants : mâles pendantes et jaunes ; femelles vertes.
- Origine : Europe et Asie Mineure.
- Dimensions : de 20 à 30 m de haut.
- Utilisation : haies libres ou taillées, rideaux, brise-vent.
- Variétés : 'Columnaris', moins vigoureux que l'espèce type ; 'Pendula', petit arbre (3 m) à branches retombantes.

Cèdre nain du Liban

Cedrus libani 'Nana'

- **Croissance :** lente.
- **Exposition :** ensoleillée.
- **Caractéristique :** rustique.
- **Feuillage :** persistant.

CULTURE

Cultivar peu exigeant, supportant les atmosphères sèches et urbaines. Port conique large, devenant arrondi avec le temps. La croissance est très lente. Il résiste à la pollution urbaine.

- **Plantation :** de septembre à juin.
- **Taille :** légère ou nulle, étant donné la lenteur de la croissance.
- **Sol :** ordinaire, même sec et à tendance calcaire.
- **Multiplication :** boutures à talon ligneuses, d'août à octobre.

DESCRIPTIF

Variété, à port compact et conique, du cèdre du Liban *(Cedrus libani)*. Petites aiguilles gris-vert de 2 cm de long.

- **Dimensions :** 1,50 m de haut.
- **Utilisation :** haies taillées ou libres.
- **Variété :** *Cedrus libani* 'Sargentii', autre petit cultivar de 1 m de haut et de 3 m d'étalement issu du cèdre du Liban. Sa croissance très lente et sa tendance, s'il n'est pas dirigé, à s'étaler sur le sol, le rendent moins apte aux haies.

Cognassier du Japon

Chaenomeles

- **Croissance :** lente.
- **Exposition :** ensoleillée.
- **Caractéristique :** rustique.
- **Feuillage :** persistant.

CULTURE

Les nombreuses fleurs à teintes vives, tranchant sur le noir de l'écorce, sont précoces. En haie fleurie, on pourra planter les cognassiers à fleurs en compagnie d'espèces fleurissant à la même époque, comme les forsythias.

- **Plantation :** de septembre à juin.
- **Floraison :** mars-avril
- **Taille :** au sécateur, après la floraison, en privilégiant les rameaux dirigés vers le haut, pour éviter l'étalement.
- **Sol :** plutôt calcaire et assez sec.
- **Multiplication :** bouturage ou marcottage au début de l'été.
- **Particularité :** les fruits sont utilisés pour la préparation de gelées et entrent dans la composition de liqueurs et d'un parfum, « l'essence de Kananga ».

DESCRIPTIF

Chaenomeles speciosa

Cognassier à port dressé. Arbuste touffu et drageonnant, à branches raides entremêlées. Feuilles de 4 à 9 cm de long, ovales, vert lustré. Fleurs mellifères blanches à rouge, groupées par deux à quatre le long des pousses de plus de 2 ans. Fruits odorants.

- **Origine :** Chine.
- **Dimensions :** de 2 à 3 m de haut et de 1 à 2 m d'étalement.
- **Utilisation :** haies libres et défensives, brise-vent.
- **Variétés :** 'Falconnet Charlet', à grandes fleurs rose saumoné ; 'Nivalis', à fleurs blanc pur et feuillage vert clair ; 'Simonii', à port trapu (1 m de haut) et à grandes fleurs doubles et rouge foncé ; 'Umbilicata', à fleurs simples et rosées.

FAUX CYPRÈS

Chamaecyparis

- **Croissance :** lente.
- **Exposition :** mi-ombragée.
- **Caractéristique :** rustique.
- **Feuillage :** persistant.

CULTURE

Espèces peu exigeantes, bien adaptées à la taille, pour situations plutôt ensoleillées. Coupez l'herbe au pied afin d'éviter une dévitalisation des branches les plus basses.

- **Plantation :** de septembre à juin.
- **Floraison :** avril-mai.
- **Taille :** légère, à la cisaille, au début du printemps.
- **Sol :** les faux cyprès sont très voisins des cyprès. De nombreuses espèces et variétés (en particulier du cyprès de Lawson) conviennent en haies et en brise-vent.
- **Multiplication :** bouturage des rameaux en été, greffe en placage.

DESCRIPTIF

Chamaecyparis lawsoniana var. columnaris

Cultivar du cyprès de Lawson, à feuillage bleuté, de taille réduite, à port étroit et érigé, et à ramules verticaux. Bois sentant la citronnelle. Feuillage fin. Petits cônes sphériques. Il craint la sécheresse prolongée, les vents desséchants et les sols humides en hiver, mais il résiste bien à la pollution.

- **Origine :** Amérique du Nord.
- **Dimensions :** de 6 à 8 m de haut.
- **Utilisation :** haies libres ou taillées, brise-vent, écrans.
- **Distance de plantation :** de 80 cm à 1 m.

Cornouiller
Cornus

CULTURE

- **Plantation :** de septembre à juin.
- **Taille :** légère, au sécateur, en hiver, chez les espèces à écorce non colorée comme *C. alternifolia* et *C. kousa*. Sur les espèces à écorce colorée, effectuez une taille sévère chaque année, à la fin de l'hiver, pour provoquer la repousse et l'apparition de rameaux à teinte vive.
- **Sol :** sol ordinaire, même sec et calcaire. C. kousa préfère les terrains légèrement acides et frais.
- **Multiplication :** boutures mi-aoûtées en juin.
- **Particularité :** espèces mellifères.
- **Croissance :** lente à rapide selon les variétés.
- **Exposition :** mi-ombragée.
- **Caractéristique :** rustique.
- **Feuillage :** caduc.

Cornus alba.

• Cornouiller à feuillage décoratif

DESCRIPTIF

Cornus alba - Cornouiller blanc

Arbuste moyen à branches arquées et écorce rouge, très décorative en hiver. Feuilles de 5 à 8 cm de long, ovales et à nervures marquées, vert vif puis orangées à l'automne. Fleurs couleur crème, regroupées en cymes aplaties. Fruits bleutés. Éviter les sols trop calcaires.

- Origine : Sibérie, Chine septentrionale.
- Dimensions : 3 m de haut et 2,50 m d'étalement.
- Distance de plantation : de 60 à 80 cm.
- Utilisation : pour les haies libres, en compagnie, par exemple, d'arbustes à feuillage rougeâtre, tel *Berberis thunbergii*.
- Variétés : 'Gouchaultii', à rameaux rouge vif, feuilles panachées de jaune et à belles teintes automnales ; 'Sibirica', à écorce rouge corail ; 'Kesselringii', à écorce brun violacé.
- Floraison : juin.

• Cornouiller à floraison décorative

DESCRIPTIF

Cornus mas - Cornouiller mâle

Grand arbuste à port touffu. Feuilles de 8 cm de long, ovales et acuminées, vert foncé puis jaunâtres à l'automne. Fleurs très précoces, en ombelles serrées et jaune vif. Fruits rouges. Supporte bien le calcaire.

- Origine : Europe centrale et méridionale, Asie Mineure.
- Dimensions : 7 m de haut et 5 m d'étalement.
- Utilisation : haies libres.
- Variétés : 'Aurea', à feuilles jaunes ; 'Variegata', à feuilles bordées de blanc.
- Particularité : fruits comestibles.
- Floraison : février-mars.

Cornus mas.

Cyprès

Cupressus

CULTURE

Originaires de régions arides, les cyprès sont bien adaptés aux conditions sèches. Ils peuvent néanmoins être cultivés en zone plus humide et plus froide. Paillez ou buttez le pied des espèces les moins rustiques dès la fin de l'automne.

- **Plantation :** de septembre à juin.
- **Floraison :** avril-mai.
- **Taille :** à la cisaille, au début du printemps.
- **Sol :** ordinaire, même légèrement calcaire.
- **Multiplication :** bouturage en mars ou en août (difficile).
- **Croissance :** lente à rapide selon les variétés.
- **Exposition :** ensoleillée.
- **Caractéristique :** semi-rustique à rustique selon les variétés.
- **Feuillage :** persistant.

DESCRIPTIF

Cupressus arizonica - Cyprès de l'Arizona

Conifère en fuseau étroit et conique, à écorce rougeâtre et à rameaux brefs et rigides. Feuillage vert glauque. Grands cônes globuleux. Le plus rustique des cyprès, supportant même les sols peu profonds, siliceux ou calcaires. Ne taillez que les jeunes rameaux.

- **Origine :** sud-est des États-Unis, nord du Mexique.
- **Dimensions :** de 15 à 20 m de haut, de 5 à 6 m d'étalement.
- **Utilisation :** haies régulières, brise-vent, écrans.
- **Variétés :** 'Fastigiata' (12 m de haut et 3 m d'étalement), à feuillage bleu-gris ; 'Fastigiata Aurea', à pousses à extrémités dorées ; 'Sulphurea', à feuillage jaune vif au printemps.

GENÊT

Cytisus

CULTURE

Arbustes parfois difficiles à installer, à planter en situation ensoleillée pour obtenir une belle floraison.

- **Plantation :** de septembre à juin.
- **Floraison :** mai-juin.
- **Taille :** sèvère afin que les arbustes ne se dégarnissent pas à la base et après la floraison, pour éviter la formation des gousses, qui affaiblit la plante.
- **Sol :** bien drainé, sableux et sec. Ces genêts supportent mal le calcaire.
- **Multiplication :** bouturage au printemps.
- **Croissance :** rapide.
- **Exposition :** ensoleillée.
- **Caractéristique :** rustique.
- **Feuillage :** caduc.

DESCRIPTIF

Cytisus battandieri

Grand arbuste dressé, adapté aux conditions des montagnes arides du Moyen Atlas. Feuilles sessiles à trois folioles, de 5 à 8 cm de long et 3 cm de large, argentées et soyeuses, arrondies et à pointe allongée. Fleurs jaune d'or en grappes denses et dressées, parfumées. Fruits soyeux.

- **Origine :** Maroc.
- **Dimensions :** de 4 à 5 m de haut et de 2 à 2,50 m d'étalement.
- **Utilisation :** haies libres.
- **Distance de plantation :** de 70 cm à 1,20 m.

Fusain
Euonymus

CULTURE

Arbustes très variés, supportant bien l'atmosphère urbaine et le recépage, remarquables pour leurs fruits et leurs teintes automnales.

- **Plantation :** de septembre à juin.
- **Taille :** au sécateur, en hiver.
- **Sol :** ordinaire.
- **Multiplication :** bouturage en été, semis pour les fusains à feuillage caduc ; bouturage semi-ligneux en été pour les persistants.
- **Croissance :** rapide.
- **Exposition :** mi-ombragée.
- **Caractéristique :** rustique.
- **Feuillage :** caduc ou persistant selon les variétés.

• Fusain à feuillage caduc

DESCRIPTIF

Euonymus alatus - Fusain ailé

Arbuste à port étalé et à rameaux divergents, supportant un peu de calcaire. Feuilles de 4 à 7 cm de long, ovales à elliptiques, vert foncé à revers plus pâle, devenant écarlates à l'automne. Fleurs jaunes. Fruits rougeâtres à arilles orangées.

- **Origine :** Asie du Nord-Est.
- **Dimensions :** 3 m de haut et 2,50 m d'étalement.
- **Utilisation :** haies libres ou taillées, brise-vent.
- **Variété :** 'Compactus', plus petit (1,50 m de haut et d'étalement), à port évasé et à grandes feuilles rouge feu à l'automne, pour haies bases.
- **Floraison :** mai-juin

Euonymus alatus.

Euonymus japonicus.

• Fusain à feuillage persistant

DESCRIPTIF

Euonymus japonicus - Fusain du Japon

Arbrisseau peu rustique, adapté aux atmosphères marines et urbaines. À installer en situation protégée. Apporter une protection hivernale (paillage, buttage) dans les régions à hiver rigoureux. Feuilles de 5 cm de long, ovales, dentées et vert foncé brillant sur le dessus. Fruits roses.

- **Origine :** Corée, Japon.
- **Dimensions :** 6 m de haut et d'étalement.
- **Utilisation :** haies libres ou taillées.
- **Distance de plantation :** de 60 cm à 1 m.
- **Variétés :** 'Aureomarginatus', plus petit (1,50 m de haut et 1 m d'étalement), à feuillage maculé de jaune ; 'Bravo', à port dressé et feuilles vert et blanc ; 'Président Gauthier' (4 m de haut et 3 m d'étalement), à feuillage panaché de blanc.
- **Floraison :** de juin à août.

FORSYTHIA

Forsythia

CULTURE

Espèces rustiques et faciles à cultiver, spectaculaires pendant quelques semaines, au moment de la floraison.

- **Plantation** : de septembre à juin.
- **Floraison** : de mars à mai.
- **Taille** : au sécateur, après la floraison.
- **Sol** : ordinaire, même calcaire.
- **Multiplication** : bouturage herbacé au début de l'été, bouturage aoûté à la fin de l'hiver.
- **Particularité** : les rameaux coupés font de beaux bouquets.
- **Croissance** : rapide.
- **Exposition** : mi-ombragée.
- **Caractéristique** : rustique.
- **Feuillage** : caduc.

DESCRIPTIF

Forsythia x intermedia - Mimosa de Paris

Arbuste à port dressé, puis plus étalé, hybride de *F. suspensa* et de *F. viridissima*. Feuilles de 10 cm de long, arrondies et vert foncé. Fleurs jaunes, par deux ou trois.

- **Dimensions** : 3 m de haut et 2 m d'étalement.
- **Utilisation** : haies libres ou taillées.
- **Variétés** : 'Boucle d'or' (70 cm de haut et 1 m d'étalement), à fleurs dorées ; 'Karl Sax', vigoureux et à fleurs jaune orangé ; 'Lynwood', très florifère, à fleurs jaune vif ; 'Spectabilis', à port érigé et compact et à fleurs dorées ; 'Weekend', très ramifié et à floraison précoce.

Fuchsia

Fuchsia magellanica var. riccartonii

CULTURE

Facile, à mi-ombre ou au soleil dans les régions tempérées. Cette variété est le fuchsia le plus rustique ; placez-la cependant en situation abritée. Attendez le printemps pour rabattre les rameaux. En fin d'automne, dans les zones fraîches, paillez généreusement le pied. Plante adaptée au bord de mer et formant de gros buissons dans les régions tempérées et douces.

- **Plantation :** de mars à juin.
- **Floraison :** de juillet à septembre.
- **Taille :** rabattez les tiges au début du printemps, de façon moins sévère dans les zones chaudes.
- **Sol :** humifère, plutôt frais acide et bien drainé, mais aussi en terre sableuse ou calcaire.
- **Multiplication :** bouturage herbacé à chaud en juillet-août (difficile).
- **Croissance :** rapide.
- **Exposition :** mi-ombragée.
- **Caractéristique :** gélive.
- **Feuillage :** caduc.

DESCRIPTIF

Arbuste ramifié à port buissonnant et rameaux fins. Feuilles de 3 à 4 cm de long, vert foncé luisant, verticillées, ovales et dentelées. Fleurs abondantes et solitaires, rouge et violet pourpré et à long pédoncule.

- **Origine :** Pérou (variété trouvée en Écosse).
- **Dimensions :** de 1 à 2,50 m de haut et de 1 à 1,50 m de large.
- **Utilisation :** haies libres.

Hamamélis

Hamamelis mollis

CULTURE

Arbuste tolérant et robuste, facile à mener.

- **Plantation :** de septembre à juin.
- **Floraison :** janvier.
- **Taille :** taille d'équilibrage à la fin de l'hiver.
- **Sol :** léger, frais et humifère, plutôt acide (effectuez un apport de tourbe à la plantation).
- **Multiplication :** semis, bouturage à talon en juillet-août ou marcottage (deux ans d'enracinement).
- **Croissance :** rapide.
- **Exposition :** mi-ombragée.
- **Caractéristique :** rustique.
- **Feuillage :** caduc.

DESCRIPTIF

Arbuste à fortes branches étalées et à jeunes rameaux pubescents, intéressant pour sa floraison hivernale. Grandes feuilles de 10 cm, vertes au printemps et jaune doré à l'automne, arrondies, dentées et à revers pubescent. Abondantes fleurs jaunes parfumées, à quatre pétales en lanières.

- **Origine :** Chine.
- **Dimensions :** 2,50 m de haut et d'étalement.
- **Utilisation :** haies libres.
- **Variété :** 'Pallida', de taille identique à celle de l'espèce type, mais à floraison abondante jaune soufre.
- **Particularité :** à cultiver pour ses fleurs précoces, ses couleurs et son agréable parfum hivernal.

Argousier

Hippophae rhamnoides

CULTURE

Espèce peu exigeante, supportant bien la taille et adaptée aux zones salées ou ventées et aux terrains sablonneux, mais demandant le plein soleil.

- **Plantation :** de septembre à juin.
- **Floraison :** mars-avril.
- **Taille :** rabattez en hiver pour régulariser la forme.
- **Sol :** ordinaire, même calcaire, sableux, salé ou sec.
- **Multiplication :** bouture aoûtées, semis en automne.
- **Exposition :** ensoleillée.
- **Caractéristique :** rustique.
- **Feuillage :** caduc ou persistant selon les variétés.

DESCRIPTIF

Petit arbre dioïque à rameaux écailleux et gris argenté lorsqu'ils sont jeunes, se terminant en épine. Feuilles de 3 à 8 cm de long, lancéolées et grises, à revers argenté. Minuscules fleurs mellifères et jaune verdâtre (espèce dioïque). Fruits globuleux et orangés.

- **Origine :** Europe et Asie tempérée.
- **Dimensions :** de 4 à 5 m de haut.
- **Utilisation :** haies libres ou taillées (notamment pour fixer les sols sableux).
- **Particularité :** les fruits, comestibles, donnent un jus riche en vitamine C.

Millepertuis

Hypericum patulum 'Hidcote'

CULTURE

- **Plantation :** de septembre à juin.
- **Floraison :** de juillet à octobre.
- **Taille :** sévère après l'hiver.
- **Sol :** ordinaire, bien drainé, assez sec, même un peu calcaire. Évitez l'apport d'engrais.
- **Multiplication :** boutures semi-herbacées en été.
- **Croissance :** rapide.
- **Exposition :** ensoleillée.
- **Caractéristique :** rustique.
- **Feuillage :** persistant.

DESCRIPTIF

Arbuste très ramifié. Feuilles lancéolées, vert foncé, à revers plus pâle. Fleurs dorées, aplaties et arrondies. Fructification inexistante.

- **Dimensions :** de 1 à 1,50 m de haut et de 70 cm à 1,20 m d'étalement.
- **Utilisation :** petites haies libres.
- **Variétés :** *H. paturum* 'Sungold', de même taille que 'Hidcote', à fleurs jaune clair et à fruits rouges au début de l'été et noirs au début de l'automne, bien adaptée aux haies colorées ; *H. paturum* var. *forestii* présente des fruits rouges et, à l'automne, un feuillage caduc rouge pur.

Houx

Ilex

CULTURE

Espèces supportant bien la taille, adaptées aux atmosphères marine et urbaine. Le genre étant dioïque, seuls les pieds femelles portent des fruits : plantez au moins un pied mâle pollinisateur pour cinq pieds femelles pour obtenir une fructification.

- **Plantation :** de septembre à juin.
- **Floraison :** mai-juin
- **Taille :** au sécateur, au début du printemps.
- **Sol :** ordinaire, plutôt léger et bien drainé, mais pas ou peu calcaire.
- **Multiplication :** boutures à l'étouffée de rameaux latéraux en été, avec hormones d'enracinement.
- **Particularité :** baies vénéneuses.
- **Croissance :** rapide.
- **Exposition :** mi-ombragée.
- **Caractéristique :** rustique.
- **Feuillage :** persistant.

DESCRIPTIF

Ilex aquifolium - Houx commun

Arbuste à croissance moyenne, à port érigé et ramifié. Feuilles de 5 cm de long, de forme variable, coriaces, à bord ondulé et vert foncé, plus épineuses sur les plants mâles que sur les femelles. Petites baies rouge ardent, persistantes jusqu'à la fin de l'automne.

- **Origine :** Europe.
- **Dimensions :** de 8 à 13 m de haut et de 3 à 6 m d'étalement.
- **Utilisation :** haies défensives libres ou taillées, brise-vent.
- **Variétés :** 'Alaska', à feuilles très épineuses et fruits abondants ; 'Albomarginata', à feuilles d'abord cuivrées puis marginées de blanc ; 'Myrtifolia', à feuilles vert foncé brillant, sans fruits, pour haies basses.

GENÉVRIER

Juniperus

CULTURE

Conifères faciles à cultiver, supportant bien la sécheresse, les températures extrêmes et la pollution atmosphérique.

- **Plantation :** de septembre à juin.
- **Taille :** au sécateur, en juin, sur le bois de l'année.
- **Sol :** ordinaire, bien drainé, même sec et calcaire.
- **Multiplication :** boutures à talon, prélevées sur de jeunes sujets en été.
- **Croissance :** rapide.
- **Exposition :** ensoleillée.
- **Caractéristique :** rustique.
- **Feuillage :** persistant.

DESCRIPTIF

Juniperus communis - Genévrier commun

Conifère ramifié dès la base, à port variable (érigé, pyramidal ou en colonne) et écorce rougeâtre. Feuilles aciculaires et piquantes, blanches, à revers gris-vert. Chatons mâles ovoïdes. Inflorescences femelles discrètes et vertes. Fruits sphériques dotés de six écailles soudées, glauques la première année et bleu-noir la seconde.

- **Dimensions :** de 5 à 10 m de haut.
- **Utilisation :** haies défensives libres et taillées, brise-vent.
- **Variétés :** 'Compressa' (1 m de haut et 30 cm d'étalement), à feuillage bleuté, pour haies basses ; 'Hibernica', genévrier d'Irlande (4 m de haut et 1 m d'étalement), à port en colonne et feuillage argenté.

Cytise commun

Laburnum anagyroides

CULTURE

Espèce résistante et facile à cultiver, peu exigeante quant au sol et acceptant aussi bien la mi-ombre que le soleil.

- **Plantation :** de septembre à juin.
- **Floraison :** mai
- **Taille :** équilibrage de charpente, après la floraison.
- **Sol :** ordinaire, plutôt profond et calcaire, mais même hétérogène.
- **Multiplication :** boutures de tête en mars-avril, avec hormones d'enracinement.
- **Croissance :** rapide.
- **Exposition :** mi-ombragée.
- **Caractéristique :** rustique.
- **Feuillage :** caduc.

DESCRIPTIF

Arbuste buissonnant à bois dur, à cime étalée et à rameaux verts et pubescents. Feuilles de 5 cm de long, ovales, presque sessiles et composées de trois folioles, vertes à revers grisâtre, puis dorées à l'automne. Abondantes fleurs jaunes en grappes pendantes de 30 cm de long. Fruits pubescents.

- **Origine :** Europe centrale et méridionale.
- **Dimensions :** de 3 à 8 m de haut.
- **Utilisation :** haies libres, écrans.
- **Particularité :** bois parfois utilisé par les menuisiers pour remplacer l'ébène. Toutes les parties de la plante sont toxiques et ses graines sont mortelles.

Laurier-sauce

Laurus nobilis

CULTURE

Espèce bien adaptée aux climats du Bassin méditerranéen et du littoral atlantique, mais donnant aussi de très bons résultats, en situation abritée sous les climats plus frais. Il supporte bien la culture en bac.

- **Plantation :** de mars à juin.
- **Floraison :** avril.
- **Taille :** au sécateur, en fin d'hiver (plusieurs fois dans l'année si nécessaire).
- **Sol :** ordinaire, même sec et calcaire ; végétation plus épanouie en terre fertile et bien drainée.
- **Multiplication :** semis, marcottage, bouturage à talon en septembre (sous abri).
- **Croissance :** rapide.
- **Exposition :** ensoleillée.
- **Caractéristique :** semi-rustique.
- **Feuillage :** persistant.

DESCRIPTIF

Arbre dioïque, touffu et drageonnant, à port pyramidal. Feuilles de 10 cm de long, lancéolées et elliptiques, d'abord grisâtres puis vert foncé luisant, très aromatiques. Fleurs mâles blanc jaunâtre, fleurs femelles insignifiantes. Fruits noirs et sphériques, proches d'une olive.

- **Origine :** Bassin méditerranéen.
- **Dimensions :** de 5 à 12 m de haut.
- **Utilisation :** haies libres ou taillées, brise-vent.
- **Particularité :** feuillage très odorant.

Lavande

Lavandula

CULTURE

Les lavandes demandent une situation bien ensoleillée et pas trop humide.

- **Plantation :** de mars à juin.
- **Floraison :** juin-juillet.
- **Taille :** à la cisaille, après la floraison.
- **Sol :** sain, bien drainé, plutôt sec et calcaire, même aride et rocailleux.
- **Multiplication :** boutures de tête au printemps, à l'étouffée avec hivernage sous châssis froid.
- **Croissance :** rapide.
- **Exposition :** ensoleillée.
- **Caractéristique :** rustique.
- **Feuillage :** persistant.

DESCRIPTIF

Lavandula angustifolia - Lavande vraie

Arbuste touffu suffrutescent, pouvant être cultivé en plein air. Feuilles de 5 cm de long, linéaires, velues et gris-vert. Fleurs parfumées bleu-violet, groupées en verticilles formant de longs épis denses.

- **Origine :** Bassin méditerranéen.
- **Dimensions :** de 30 cm à 1 m de haut et de 20 cm à 1 m d'étalement.
- **Utilisation :** petites haies, séparations, bordures.
- **Variétés :** 'Edelweiss', à fleurs blanches ; 'Hidcote' (30 cm de haut), cultivar nain pour haies basses ; 'Munstead' (50 cm de haut), très touffu et à fleurs bleu foncé ; 'Rosea', à fleurs roses.
- **Particularité :** espèce très mellifère.

Troène

Ligustrum

CULTURE

Espèces supportant la pollution urbaine, remarquablement bien adaptées à la taille, résistantes et aptes à la culture en bac. Toutefois, le système radiculaire développé limite les possibilités de culture d'autres espèces au pied. Les troènes d'une certaine taille tendent à se dénuder à la base ; il faut donc limiter la hauteur dès que le pied commence à se dégarnir.

- Plantation : de mars à juin.
- Floraison : avril-mai.
- Taille : au printemps et en été, à la cisaille ou au sécateur.
- Sol : ordinaire, même sec et calcaire ; apportez des fertilisants végétaux.
- Multiplication : bouturage de tête en été (facile).
- Croissance : rapide.
- Exposition : mi-ombragée.
- Caractéristique : rustique.
- Feuillage : persistant.

DESCRIPTIF

Ligustrum vulgare - Troène commun, troène d'Europe

Arbuste buissonnant très ramifié, à rameaux fins et jeunes pousses pubescentes, seule espèce européenne du genre. Feuilles de 5 cm de long, coriaces, pointues et vert brillant, obovales ou lancéolées. Petites fleurs blanches en panicules terminales. Fruits noirs.

- Origine : Bassin méditerranéen, Europe.
- Dimensions : de 3 à 4 m de haut.
- Utilisation : haies libres ou taillées, brise-vent.
- Variétés : 'Atrovirens', à petites feuilles persistantes ; 'Atrovirens Select' (2 m de haut), à branches verticales et feuilles étroites ; 'Aureum' (de 2 à 3 m de haut), à feuilles jaunes.
- Particularité : les fruits sont toxiques pour l'homme.

Chèvrefeuille
Lonicera

■ **Exposition :** ensoleillée.
■ **Caractéristique :** rustique.
■ **Feuillage :** caduc ou persistant selon les variétés.

CULTURE
Espèces supportant le soleil, mais mieux adaptées à la mi-ombre.
■ **Plantation :** de septembre à juin.
■ **Floraison :** avril-mai.
■ **Taille :** au sécateur, après la floraison pour les chèvrefeuilles à feuillage caduc ; au printemps et en été pour les espèces persistantes.
■ **Sol :** ordinaire, même aride et peu fertile.
■ **Multiplication :** boutures de tige, en été, sur tiges d'extrémités ; piquez dans un mélange de sable et de tourbe, même directement en place.
■ **Particularité :** baies toxiques.
■ **Croissance :** rapide.

DESCRIPTIF
Lonicera tatarica - Chèvrefeuille de Tartarie
Chèvrefeuille arbustif. Feuilles de 4 à 6 cm de long, acuminées, vert foncé. Baies rouge clair.
■ **Origine :** Russie méridionale, Asie centrale.
■ **Dimensions :** de 2 à 3 m de haut et 2 m d'étalement.
■ **Utilisation :** haies libres.
■ **Distance de plantation :** de 40 à 60 cm.
■ **Variétés :** 'Alba', à fleurs blanches ; 'Hack's Red', de même taille que l'espèce type, à port touffu et floraison pourpre vif ; 'Rosea', à fleurs rose brillant.

Seringat

Philadelphus coronarius

CULTURE

Arbuste de culture facile, fleurissant au soleil comme à la mi-ombre.

- Plantation : de septembre à juin.
- Floraison : de mai à juillet.
- Taille : après la floraison.
- Sol : bien drainé, acide ou calcaire.
- Multiplication : division des souches, bouturage « en sec » de janvier à mars.
- Croissance : rapide.
- Exposition : ensoleillée.
- Caractéristique : rustique.
- Feuillage : caduc.

DESCRIPTIF

Bel arbuste très florifère, à tiges vigoureuses. Feuilles de 5 à 10 cm de long, ovales acuminées, vert foncé et à revers faiblement pubescent. Grappes terminales de cinq à neuf fleurs blanc crème, simples, puissamment odorantes. Les fruits sont des capsules coriaces.

- Origine : sud-est de l'Europe, Asie Mineure.
- Dimensions : de 2 à 3 m de haut.
- Utilisation : haies libres, brise-vent.
- Variétés : 'Minnesota Snowflake' (2 m de haut), à fleurs doubles faiblement odorantes ; 'Silberregen' (1 m de haut), à grandes fleurs blanches très odorantes, pour petites haies.
- Particularité : fleurs mellifères.

Grenadier

Punica granatum

CULTURE

Le grenadier est rustique en climat semi-tempéré, en situation abritée, mais il est cependant prudent de le butter et de le pailler au pied, au moins la première année. Il ne fructifie que dans les régions chaudes.

- **Plantation :** de mars à juin.
- **Floraison :** de juin à octobre.
- **Taille :** sévère, en mars.
- **Sol :** ordinaire, bien drainé et même sec et peu fertile.
- **Multiplication :** bouturage de tiges ligneuses en février-mars.
- **Croissance :** rapide.
- **Exposition :** ensoleillée.
- **Caractéristique :** semi-rustique.
- **Feuillage :** caduc.

DESCRIPTIF

Arbuste à tronc élancé, à rameaux anguleux et épineux. Feuilles de 2 à 8 cm de long, oblongues à lancéolées et vert foncé brillant. Fleurs tubuleuses et rouges, solitaires ou par deux. Le fruit est une grosse baie sphérique de 8 cm de diamètre, à graines entourées d'une pulpe.

- **Origine :** Asie méridionale.
- **Dimensions :** de 4 à 8 m et de 2 à 4 m d'étalement.
- **Utilisation :** haies libres et défensives.
- **Variétés :** 'Legrelliae', un peu plus rustique, plus petit (de 3 à 4 m de haut), moins épineux et à fleurs doubles striées de rouge et de crème ; 'Nana', cultivar nain (50 cm de haut), pour petites haies.

Buisson ardent

Pyracantha coccinea

CULTURE

Arbuste facile à cultiver, résistant à la pollution et aux parasites, à placer en situation ombragée ou mi-ombragée. L'installation est parfois difficile. L'espèce étant sensible au feu bactérien et à la tavelure, il convient de sélectionner les cultivars résistants. C'est la plus rustique du genre, mais elle peut être endommagée par les hivers très rigoureux.

- Plantation : de septembre à juin.
- Floraison : mai-juin.
- Taille : au sécateur, au printemps.
- Sol : de tous types, frais mais pas trop calcaire.
- Multiplication : marcottage (deux ans d'enracinement), bouturage à talon et sous châssis en été.
- Croissance : rapide.
- Exposition : ensoleillée.
- Caractéristique : rustique.
- Feuillage : persistant.

DESCRIPTIF

Arbuste persistant touffu à rameaux épineux. Feuilles de 4 à 7 cm de long, ovales, lancéolées, finement dentées, vert foncé. Abondantes petites fleurs blanches réunies en corymbes pendants. Fruits globuleux rouges, en grappes, persistants jusqu'en hiver.

- Origine : Bassin méditerranéen.
- Dimensions : de 4 à 5 m de haut et de 3 à 4 m d'étalement.
- Utilisation : haies défensives libres ou taillées.
- Variétés : 'Dart's Red'® (3 m de haut), à fruits rouge orangé et bien rustique ; 'Mozart' (2 m de haut), à fruits écarlates ; 'Orange Glow' (4 m de haut), à fruits rouge orangé ; 'Saphir® Orange', à nombreux petits fruits orangés ; 'Saphyr® Rouge', à nombreux gros fruits rouge carmin.
- Particularité : les fruits sont appréciés des oiseaux.

Romarin

Rosmarinus officinalis

CULTURE

Arbuste méditerranéen assez rustique, à planter en situation chaude, ensoleillée et abritée dans les régions un peu fraîches - mais passant généralement les hivers, mêmes rudes. Protégez les jeunes plantes le premier hiver.

- **Plantation :** de septembre à juin.
- **Floraison :** de mars à mai.
- **Taille :** légère, après la floraison.
- **Sol :** ordinaire, plutôt sec, calcaire et bien drainé.
- **Multiplication :** boutures de tête en été.
- **Croissance :** rapide.
- **Exposition :** ensoleillée.
- **Caractéristique :** semi-rustique.
- **Feuillage :** persistant.

DESCRIPTIF

Arbuste buissonnant à port étalé et à rameaux très feuillus. Feuilles de 3 à 5 cm de long, sessiles, linéaires et pointues, vert foncé brillant, à revers pubescent et blanc argenté. Fleurs bleu pâle.

- **Origine :** Bassin méditerranéen, Asie Mineure.
- **Dimensions :** de 80 cm à 1,50 m de haut et de 1 à 1,20 m d'étalement.
- **Utilisation :** haies libres ou taillées, séparations basses, bordures.
- **Variétés :** les cultivars sont un peu moins rustiques que le type et surtout adaptés au bord de mer : 'Corsican Blue', à port évasé et fleurs bleu pur ; 'Majorca Pink', à fleurs mauves ; 'Severn Sea', à fleurs bleu brillant.
- **Particularité :** feuilles aromatiques ; espèce odorante et mellifère.

SAULE

Salix

CULTURE

Espèces bien adaptées aux terrains humides ; toutefois, certaines, comme le saule marsault, prospèrent en sol assez sec.

- **Plantation :** de septembre à juin.
- **Floraison :** de mars à mai.
- **Taille :** sévère, après la floraison.
- **Sol :** plutôt humide et humifère.
- **Multiplication :** boutures de tiges, à la fin de l'hiver, en évitant les extrémités des rameaux.
- **Croissance :** rapide.
- **Exposition :** ensoleillée.
- **Caractéristique :** rustique.
- **Feuillage :** caduc.

DESCRIPTIF

Salix caprea - Saule marsault

Grand arbuste à port compact et à rameaux dressés jaune-brun, d'abord pubescents, puis glabres. Feuilles de 9 cm de long, arrondies, elliptiques et légèrement rugueuses, vert foncé, à revers gris. Espèce dioïque : les chatons mâles, jaunes et arrondis, et les chatons femelles, couverts d'un duvet argenté, apparaissent sur des pieds distincts.

- **Origine :** Europe.
- **Dimensions :** de 6 à 10 m de haut et de 3 à 4 m d'étalement.
- **Utilisation :** haies libres, brise-vent.
- **Distance de plantation :** 1 m.
- **Variété :** 'Kilmarnock', de taille plus réduite que le type (3 m de haut et 1 m d'étalement) et à port pleureur.
- **Particularité :** espèce mellifère.

Sureau

Sambucus

CULTURE

Facile, même à mi-ombre, sauf pour les variétés colorées. Arbustes et arbres rustiques, rejetant du pied et acceptant les rabattages très sévères.

- **Plantation :** de septembre à juin.
- **Floraison :** juin-juillet.
- **Taille :** sévère, en hiver.
- **Sol :** profond, fertile, frais et plutôt calcaire.
- **Multiplication :** bouturage de rameaux latéraux ligneux en été (très facile).
- **Particularité :** pucerons noirs sur les jeunes pousses.
- **Croissance :** rapide.
- **Exposition :** ensoleillée.
- **Caractéristique :** rustique.
- **Feuillage :** caduc.

DESCRIPTIF

***Sambucus canadensis* 'Maxima'** - **Sureau du Canada**

Arbuste touffu à beaux rameaux érigés. Grandes feuilles lisses composées de cinq à sept folioles de 10 à 13 cm de long, lancéolées, dentées et vert pur. Inflorescence en gros corymbes blanchâtres de 40 cm de diamètre. Fruits ovoïdes noirs.

- **Origine :** Amérique du Nord.
- **Dimensions :** de 3 à 4 m de haut et d'étalement.
- **Utilisation :** haies libres ou taillées.
- **Distance de plantation :** de 60 cm à 1 m.
- **Particularité :** résistant aux parasites.

Spirée

Spiraea

CULTURE

Ces arbustes tolèrent un peu d'ombre, mais s'y montrent moins florifères. Supprimez les fleurs fanées.

- **Plantation :** de septembre à juin.
- **Floraison :** mars-avril.
- **Taille :** assez sévère, après la floraison, en éliminant les vieilles pousses.
- **Sol :** profond, frais, humifère et pas trop calcaire.
- **Multiplication :** boutures de tête au printemps.
- **Croissance :** rapide.
- **Exposition :** ensoleillée.
- **Caractéristique :** rustique.
- **Feuillage :** caduc.

DESCRIPTIF

Spiraea x arguta

Arbuste à port arrondi et à nombreux rameaux fins et arqués, hybride de *S. thunbergii* et de *S. multiflora*. Feuilles de 3 à 4 cm de long, oblongues et dentées, vertes puis jaunes à l'automne. Nombreuses fleurs blanches groupées en bouquets sur le vieux bois.

- **Dimensions :** de 1,20 à 2 m de haut et de 80 cm à 1,50 m d'étalement.
- **Utilisation :** haies libres.
- **Distance de plantation :** de 40 à 60 cm.
- **Particularité :** résistant aux parasites.

Lilas

Syringa

CULTURE

Espèces faciles à cultiver, plus florifères en situation ensoleillée, rejetant fortement du pied.

- **Plantation :** de septembre à juin.
- **Floraison :** avril-mai.
- **Taille :** supprimez les fleurs fanées et les drageons. Après quelques années, on peut rabattre sévèrement les sujets ayant tendance à se dégarnir de la base (recépage).
- **Sol :** ordinaire, bien drainé, même calcaire.
- **Multiplication :** bouturage de tête en juin, sur rameaux semi-aoûtés, avec hormones et à l'étouffée (difficile). Greffage à l'anglaise, à la fin du printemps.
- **Croissance :** rapide.
- **Exposition :** ensoleillée.
- **Caractéristique :** rustique.
- **Feuillage :** caduc.

DESCRIPTIF

Syringa vulgaris - Lilas commun

Arbuste introduit de Turquie au XVIe siècle. Espèce drageonnante, à port dressé et rameaux lisses. Feuilles de 10 cm de long, ovales cordiformes, vert clair et à fines nervures. Fleurs lilas ou blanches, agréablement odorantes, en thyrses compacts et dressés.

- **Origine :** Europe méridionale et orientale.
- **Dimensions :** de 5 à 7 m de haut et de 3 à 4 m d'étalement.
- **Utilisation :** haies libres, écrans, brise-vent.
- **Variétés :** les cultivars se distinguent par leur vigueur, la nuance de leur feuillage et la couleur de leurs feuilles. 'Charles X', à fleurs simples rouge lilacé ; 'Madame Lemoine', à fleurs blanches et doubles ; 'Maréchal Foch', à fleurs simples rose carminé ; 'Président Grévy', à fleurs doubles bleu cobalt ; 'Souvenir de Louis Spaeth', à grandes inflorescences pourprées et fleurs simples.

TAMARIS

Tamarix

CULTURE

Arbustes rustiques, mais donnant de meilleurs résultats en bord de mer - ils supportent parfaitement le vent, le sel et les embruns.

- **Plantation :** de mars à juin.
- **Floraison :** avril-mai.
- **Taille :** après la floraison pour les espèces fleurissant au printemps *(T. tetandra)*, en rabattant les rameaux florifères aux trois quarts de leur longueur, et en fin d'hiver pour celles qui fleurissent en été *(T. ramosissima)*.
- **Sol :** ordinaire, bien drainé, même sableux ou pierreux, mais pas trop calcaire.
- **Multiplication :** boutures de tige en mars.
- **Croissance :** rapide.
- **Exposition :** ensoleillée.
- **Caractéristique :** rustique.
- **Feuillage :** caduc.

DESCRIPTIF

Tamarix tetrandra

Arbuste touffu à écorce pourpre foncé à noir et rameaux retombants à l'extrémité. Feuilles très fines, comme des écailles, vert pur. Nombreuses fleurs rose vif en petites grappes, sur le vieux bois.

- **Origine :** Asie Mineure, sud-est de l'Europe.
- **Dimensions :** de 3 à 5 m de haut et de 2,50 à 3 m d'étalement.
- **Utilisation :** haies libres, brise-vent.
- **Particularité :** résistant aux parasites.

If commun

Taxus baccata

CULTURE

Espèce facile à cultiver, supportant les expositions ensoleillées comme l'ombre intense des grands arbres.

- **Plantation :** de septembre à juin.
- **Taille :** très bien supportée ; à la cisaille, au printemps ou en fin d'été.
- **Sol :** ordinaire, même sec et calcaire.
- **Multiplication :** semis en février, boutures à talon en août
- **Croissance :** rapide.
- **Exposition :** mi-ombragée.
- **Caractéristique :** rustique.
- **Feuillage :** persistant.

DESCRIPTIF

Arbre à port érigé, d'abord columnaire, puis de plus en plus étalé, et à écorce brun-rouge. Feuilles de 2 à 4 cm de long, linéaires, vert foncé à revers plus pâle. L'espèce étant dioïque, les inflorescences mâles, en chatons, et femelles, en ovule discret, sont portées par des pieds distincts. Graines entourées d'un arille rouge.

- **Origine :** Europe, Afrique du Nord, Asie Mineure.
- **Dimensions :** de 15 à 20 m de haut et 10 m d'étalement.
- **Utilisation :** haies libres ou taillées, sculpture végétale (topiaires), brise-vent.
- **Variétés :** 'Dovastonii Aurea' (2,50 m de large et 2 m d'étalement), à port évasé et feuilles marginées de doré ; 'Fastigiata' (5 m de haut et 1,50 m d'étalement), if d'Irlande, à port columnaire étroit ; 'Semperaurea', à port compact et divergent ; 'Westerstede' (2,50 m de haut et 1,50 m d'étalement), à port régulier.
- **Particularité :** plante toxique (l'ingestion des graines est mortelle).

Thuya

Thuja

CULTURE

Espèces supportant la mi-ombre, sensibles aux conditions sèches et - pour certaines espèces - aux basses températures.

- **Plantation :** de mars à juin.
- **Taille :** pour limiter la hauteur, au printemps.
- **Sol :** frais et bien drainé, peu calcaire.
- **Multiplication :** boutures de tête en août-septembre.
- **Croissance :** rapide.
- **Exposition :** ensoleillée.
- **Caractéristique :** gélive.
- **Feuillage :** persistant.

DESCRIPTIF

Thuja occidentalis - Thuya du Canada

Arbre rustique, compact, à port conique et écorce brun-rouge. Feuilles fines, vertes à revers jaunâtre. Teintes automnales bronzées. Cône composé de quatre à cinq paires d'écailles, dépourvu de pointe.

- **Origine :** Amérique du Nord.
- **Dimensions :** de 12 à 20 m de haut et 3 m d'étalement.
- **Utilisation :** haies libres ou taillées, brise-vent, écrans.
- **Variétés :** 'Danica', à port en boule, pour haies basses ; 'Europa Gold', à feuillage doré ; 'Rheingold', à port conique élargi et feuillage cuivré en hiver.

Viorne
Viburnum

CULTURE

Espèces robustes et faciles à cultiver, supportant la mi-ombre.

- **Plantation :** de septembre à juin pour les viornes à feuillage caduc ; au printemps pour les espèces persistantes.
- **Taille :** après la floraison, en général légère, pour nettoyer et équilibrer la plante.
- **Sol :** ordinaire et sain, en général pas trop calcaire.
- **Multiplication :** boutures de tête en fin d'été, sur rameaux latéraux, avec hormones d'enracinement et sous abri froid.
- **Croissance :** rapide.
- **Exposition :** ensoleillée.
- **Caractéristique :** rustique.
- **Feuillage :** caduc ou persistant selon les variétés.

• Viorne à feuillage caduc

DESCRIPTIF

Viburnum opulus - Viorne obier

Arbuste à port arrondi, écorce grise et jeunes rameaux tortueux. Feuilles de 10 cm de long, à trois à cinq lobes dentés, vert franc à revers duveteux, puis rouge-pourpre à l'automne. Fleurs blanches regroupées en corymbes aplatis. Les fruits sont des baies rouge vif.

- **Europe**
- **Dimensions :** de 3 à 5 m de haut.
- **Utilisation :** haies libres, écrans, brise-vent.
- **Variétés :** 'Compactum' (1 m de haut et d'étalement) à port arrondi et fruits rouge-orangé, pour haies basses ; 'Roseum', diffusé sous le nom de boule de neige (de 3 à 4 m de haut et d'étalement), à grosses boules de fleurs blanches.
- **Particularité :** fruits vénéneux.
- **Floraison :** mai-juin.

Viburnum opulus.

• Viornes à feuillage persistant

DESCRIPTIF

Viburnum tinus - Laurier-tin

Arbuste buissonnant à port arrondi, intéressant pour sa robustesse et sa floraison hivernale. Feuilles de 7 à 10 cm de long, lancéolées, coriaces et trifoliées, vert foncé. Petites fleurs roses en bouton, puis blanches, en cymes aplaties et arrondies, d'une dizaine de centimètres de diamètre. Baies bleutées.

- **Origine :** Europe méridionale et Afrique septentrionale.
- **Dimensions :** de 3 à 4 m de haut et d'étalement.
- **Utilisation :** haies libres, écrans, brise-vent.
- **Distance de plantation :** de 60 cm à 1 m.
- **Variété :** 'Eve Price', à port compact et arrondi, pour petites haies.
- **Floraison :** de novembre à avril.

Viburnum tinus.

WEIGELA

Weigela florida

CULTURE

Le weigela donne une floraison plus abondante quand il est en plein soleil, mais plus durable quand il est installé à mi-ombre. Cet arbuste solide est sensible au gel dans les sols trop humides.

- **Plantation :** de septembre à juin.
- **Floraison :** avril-mai.
- **Taille :** de nettoyage, après la floraison ; supprimez les plus vieilles branches et rabattez les rameaux florifères.
- **Sol :** frais, humifère et pas trop calcaire.
- **Multiplication :** boutures semi-aoûtées en août-septembre, avec hormones d'enracinement, à l'étouffée et sous abri.
- **Croissance :** rapide.
- **Exposition :** ensoleillée.
- **Caractéristique :** rustique.
- **Feuillage :** caduc.

DESCRIPTIF

Arbuste à port dressé et rameaux pubescents gracieusement étalés. Feuilles de 7 à 10 cm de long, allongées, vertes et glabres, à revers tomenteux. Fleurs solitaires rose pâle.

- **Origine :** Chine.
- **Dimensions :** de 1,50 à 2 m de haut et d'étalement.
- **Utilisation :** haies libres.
- **Variétés :** 'Bristol Ruby' (de 2 à 3 m de haut), qui se distingue par sa vigueur et ses grandes fleurs cramoisies ; 'Eva Rathke' (1,50 m de haut), à port très compact, indiqué pour les haies basses, à fleurs carmin ; 'Nana Variegata' (1,50 m de haut et d'étalement), à port touffu et feuilles marginées de blanc-jaune, pour haies basses ; 'Purpurea' (1 m de haut), très compact, à fleurs rose foncé.

Index

Crédits photographiques

Shutterstock.com – 1000 Words : 6-7 ; AJCespedes : 13 ; AlexandrinaZ : 28 b ; alexeyart1 : 41 ; aniana : 61 ; Anna Gratys : 26 m ; c12 : 27 d ; Chrislofotos : 4 ; denisik11 : 79 ; eleonimages : 26 h ; Emilio100 : 55 ; Federherz : 56 ; Fredlyfish4 : 69 ; gdela : 64 ; Guas : 15 b ; guentermanaus : 50 ; haris M : 28 h ; hbpictures : 37 ; ibrahim kavus : 49 ; Ihor Hvozdetskyi : 29 g, 45 ; InfoFlowersPlants : 48 ; Inna Giliarova : 32 b ; Itsra Sanprasert : 8 ; Iva Vagnerova : 27 g ; Iva Villi : 42 ; Ivano de Santis : 66 ; James53145 : 73 ; janaph : 67 ; Julia Lototskaya : 70 ; Julietphotography : 34-35 ; kaskip : 52 ; Kateryniuk : 58 ; Kiattisak Anoochitarom : 31 h ; Kuzmenko Viktoria photographer : 75 ; LEONARDO VITI : 62 ; LianeM : 60 ; LifeCollectionPhotography : 65 ; Lipatova Maryna : 29 d ; Manfred Ruckszio : 31 b ; marigold-y : 44 ; Mariusz S. Jurgielewicz : 68 b ; Matt Kay : 16 ; Mircea Costina : 57 ; mizy : 46, 51 ; Monkey Business Images : 22 ; Montval : 30 d ; motorolka : 68 h ; MR.RAWIN TANPIN : 53 ; namaki : 36 ; Nick Pecker : 63 ; NikolayTsyu : 32 h ; nnattalli : 33 d ; Olaf Holland : 14 ; Peter Turner Photography : 40 ; Photo BIS : 15 h ; postoost : 71 ; rootstock : 59 ; Ruud Morijn Photographer : 47 ; Ryabaya Hanna : 30 g ; Sergey : 39 ; Stefan Rotter : 76 ; SUPERYOS : 24-25 ; Tatahnka : 43 ; Tony Baggett : 77 ; Trybex : 38 ; Tuzemka : 33 g ; Valentina Razumova : 10 ; Vladislav Lyutov : 5 ; Vol Sht : 74 ; Wiert nieuman : 54 ; uliya Khovbosha : 72.

Dessins : Francis Rossignol.